JanBraai

VUURWARM

Hierdie boek word opgedra aan die miljoene Suid-Afrikaners wat elke jaar op 24 September Nasionale Braaidag vier.

Met Nasionale Braaidag het ons as Suid-Afrikaners 'n realistiese kans om nog in hierdie leeftyd 'n nasionale feesdag vir ons land vas te lê en in te burger. Ek glo dat so 'n nasionale feesdag 'n belangrike rol in nasiebou kan speel en dat die viering van ons gemeenskaplike erfenis ons waarlik kan verenig.

In Afrika is 'n vuur die tradisionele plek van samekoms. Ek moedig jou aan om elke jaar op 24 September met jou vriende en familie om 'n vuur bymekaar te kom en om daar ons erfenis te vier, stories uit te ruil en tradisies oor te dra. Help my om hierdie boodskap uit te dra.

JanBraai

VUURWARM

BOOKSTORM
Human & Rousseau

INHOUD

'N PAAR OPWARMINGSGEDAGTES

Op 'n keer het ek 'n man ontmoet wat glad nie beïndruk was met die feit dat ek dinge soos boerewors en sosaties braai nie. Volgens hom is 'n *regte* braai een waar mens 'n soliede stuk vleis – groot genoeg om nie deur die rooster se gate te val nie – op die kole gaarmaak. Soos jy deur dié boek werk, sal jy agterkom dat ek nie sy siening deel nie. Ek glo om die waarheid te sê dat enigiets beter smaak as dit oor die kole gebraai is.

HIERDIE IS MY TWEEDE BOEK

Ja-nee, daar buite is nog 'n boek. *Jan Braai – Vuurwerke* was my eerste boek en *Vuurwarm* is my tweede, so moenie die twee verwar nie. *Vuurwarm* is eintlik 'n voortsetting van *Vuurwerke*. Uiteraard kan jy hierdie boek lees, geniet en gebruik om heerlike etes voor te berei sonder dat jy sy voorloper gelees het, maar as jy nou regtigwaar behoorlik in die braaikuns geskool wil wees, sal jy albei moet lees. Dink aan *Vuurwerke* as die eerste helfte en *Vuurwarm* as die tweede helfte van 'n groot ensiklopedie oor dié voortreflike antieke kunsvorm. Die enigste resep uit *Vuurwerke* wat ook hier verskyn, is dié vir roosterkoek (bladsy 160). Soos jy sal sien is daar so baie resepte in *Vuurwarm* wat jy met vars roosterkoek kan of behoort te bedien dat ek die lewe vir jou wou vergemaklik deur sommer die resep hier te herhaal. Terwyl ek geskryf het aan die boek wat jy nou in jou hande hou, het *Jan Braai – Vuurwerke* reeds 'n paar herdrukke beleef; die uitgewer sal natuurlik aangaan om dit te herdruk terwyl dit in aanvraag is. As jy egter nie hierdie boek geniet nie raai ek jou ten sterkste af om *Vuurwerke* te koop – dis deur dieselfde persoon en in dieselfde trant geskryf.

PASOP: DIÉ BOEK VERG DIE GEBRUIK VAN GESONDE VERSTAND

Ek wil sommer nou al om verskoning vra vir diegene vir wie dit 'n verrassing of 'n teleurstelling gaan wees, maar jy sal jou gesonde verstand en oordeelsvermoë moet gebruik terwyl jy deur dié boek werk. Party van my stellings klink soos 'n voldwonge feit terwyl dit eintlik net my opinie is. Om die waarheid te sê, die meeste resepte is eintlik maar 'n samevoeging van my opinies. Wanneer ek byvoorbeeld sê jy moet vier knoffelhuisies gebruik, is dit nie 'n onbetwiste feit nie. As jy mal is oor knoffel, gebruik meer. As jy nie van knoffel hou nie, gebruik minder. Braairesepte is soos as, nie swart nie en nie wit nie maar eerder verskillende skakerings van grys. As 'n resep vir rooiwyn vra en jy het net witwyn, gebruik jou witwyn. As die resep kruisskyf spesifiseer en jy verkies lendestuk, gebruik lendestuk. As dit sê genoeg vir vier mense en julle is ses sal dit heel waarskynlik almal kosgee al is dit dan in kleiner porsies en met ekstra brood of rys. Netso, as die resep vir agt mense is maar jy kry die voorry van die plaaslike rugbyspan vir aandete, maak dit nie saak hoeveel vleis jy braai nie, dit sal net genoeg wees vir drie. Op die volgende paar bladsye gee ek meer spesifieke voorbeelde van plekke waar jy jou gesonde verstand sal moet gebruik.

Jan Braai

TEASPOON

ONTHOU ...

'N 'SOPIE' BETEKEN 'N SOPIEGLAS VOL, OFTEWEL 25 ML

Ek glo daaraan om die lewe te vereenvoudig eerder as om dit te kompliseer. 'n Voorbeeld daarvan is die meetsisteem wat ek in my resepte gebruik: 'n koppie (250 ml), 'n sopieglas (25 ml) en 'n teelepel (5 ml). Kalibreer hulle met water om seker te maak dat jou sopieglas vyf teelepels hou en jou koppie tien sopies. Wanneer hulle gelykvol vloeistof is, bevat hulle die regte volumes. As die resep sê jy moet 'n halfkoppie of 'n halwe sopie gebruik, vul net die koppie of die sopieglas halfpad. 'n Sopieglas is daardie glasie waarmee kroegmanne 'n sopie afmeet; jy noem dit dalk sommer 'n *tot*-glas. In party lande verskil die volume van 'n sopie, maar in Suid-Afrika is dit altyd 25 ml. So, as 'n resep sê jy moet 2 sopies van 'n bestanddeel bygooi, beteken dit 50 ml – ook bekend as 'n 'dubbel', die volume brandewyn in 'n dubbel brandewyn en Coke.

Ek reken dat selfs as jy dié meetinstrumente nie by jou het wanneer jy braai nie, jy steeds met redelike akkuraatheid sal kan raai hoe groot hulle is.

VEILIGHEID

Om te braai is pret en jy kan maar vrye teuels gebruik as dit kom by dinge soos die hoeveelheid knoffel wat jy byvoeg. Jy moet egter 'n klompie basiese gesondheidsreëls volg:

- Was jou hande deeglik voordat jy kos hanteer en voorberei.
- Hou vleis wat marineer in die yskas sodat die hitte van die dag dit nie bederf nie. Gebruik nie-reaktiewe bakke met deksels, byvoorbeeld bakke van glas of plastiek. Ons noem hulle 'marineerbakke'.
- Moenie marinade wat rou vleissap bevat as 'n sous gebruik nie. Kook eers die marinade, of verf die vleis daarmee ten minste 5 minute voor jy die vleis afhaal sodat dit kans het om goed gaar te word. Moet ook nie gebraaide vleis terugsit in dieselfde houer as waarin die rou vleis voor die braai gelê het nie.

HOE OM SOUSE IN BREDIES EN POTJIES TE VERDIK

In 'n volmaakte wêreld sal dit nooit nodig wees om souse in bredies en potjies te verdik nie. Jou sous sal perfek wees wanneer die vleis sag gekook is. Dis ongelukkig nie hoe dit altyd in die regte lewe werk nie. Soms sal jou gereg droog kook (as die vuur te warm is of die deksel nie styf genoeg is nie) en kan dit aanbrand; dan sal jy meer vloeistof moet byvoeg. Soms sal jy sit met 'n sous wat te dun en loperig is. Probeer die volgende maniere om sous in enige gereg te verdik:

1. Besprinkel die vleis vooraf met meel en braai dit in olie of botter voor jy enige vloeistof byvoeg – in dié boek gewoonlik water, wyn of aftreksel.
2. Voeg rou aartappel (in blokkies of gerasper) aan die begin by. (Groente wat stysel bevat help om 'n sous te verdik namate dit reduseer.)
3. Reduseer die vloeistof tot dit so dik is as wat jy daarvan hou. Jy doen dit deur eenvoudig die kos sonder deksel te kook totdat genoeg vloeistof verdamp het en jy tevrede is met die sous.
4. Voeg 'n bietjie mielieblom (gemeng met 'n bietjie water) by teen die einde van die kooktyd en laat die sous kook totdat dit dik is. Dit is 'n baie eenvoudige oplossing wat binne oomblikke resultate lewer. Dié tegniek word 'n paar keer in hierdie boek genoem, maar moet dit asseblief nie doen as jy reeds tevrede is met die dikte van die sous nie, selfs al is mielieblom een van die gelyste bestanddele en die byvoeging daarvan een van die stappe in die resep; dit sal niks aan die smaak verander nie.

Onthou ook dat die meeste souse in kos 'n bietjie verdik nadat dit 'n wyle gestaan het. Haal dus jou potjie van die kole af wanneer dit nog effe loperig is, eerder as wanneer dit reeds te droog is.

MET 'N KNIPPIE SOUT

Dis 'n goeie idee om my voorstel by menige resep te volg dat jy teen die einde van die kookproses sout na smaak byvoeg. Dit beteken jy vat 'n lepel, proe aan die kos en voeg dan 'n bietjie ekstra sout by as jy voel dis nodig. As jy onseker is oor die hoeveel sout om by te voeg, gebruik minder eerder as meer. Sit 'n potjie sout op die tafel sodat elkeen van jou gaste ekstra sout na smaak kan byvoeg. Supermarkte is deesdae hulle sout werd – jy kry 'n groot verskeidenheid goeie-gehalte sout op die rakke. Die prys van een pakkie hoë-gehalte sout is niks nie as jy dit vergelyk met die prys van al die vleis wat jy daarmee gaan geur – dis dan mos net simpel om goedkoop sout te gebruik.

TAMATIES

Een van die grootste uitdagings wat ons land in die gesig staar wanneer dit kom by kos, is die gebrek aan behoorlike tamaties. Hopeloos te veel tamaties wat hier te koop is, het daardie ligpienk-met-'n-tikkie-groen kleur en die goed smaak soos water. Wanneer jy tamaties in 'n potjie, kerrie of pasta gebruik sal jy geblikte tamaties of tamatiepasta moet byvoeg. In dié boek gebruik ek heel kersietamaties, heel geskilde tamaties of opgekapte tamaties. Jy kan enige van hulle gebruik, maak nie saak van watter een ek praat nie. As dit enigsins 'n verskil aan die eindresultaat maak, sal dit so gering wees dat jy dit nie agterkom nie.

HOE OM DIE BINNETEMPERATUUR VAN VLEIS TE BEPAAL

In baie resepte stel ek braaitye voor vir sekere vleissnitte, maar dié tye kan en sal wissel, afhangend van faktore soos die dikte van die vleissnit, die grootte van jou vuur, die tipe hout wat jy gebruik, hoe lank die vuur uitgebrand was voordat jy begin het om te braai, windspoed en -rigting en die afstand tussen die kole en die rooster.

Hoe lank jy die vleis braai is van kardinale belang omdat die sappigheid van die vleis hoofsaaklik bepaal word deur die binnetemperatuur daarvan. Hoe gaarder die vleis, hoe droër sal dit wees. Basies moet jy vleis braai tot by die punt waar dit reg is om geëet te word en nie 'n oomblik langer nie. Jy het 'n digitale kits-lees kostermometer (*digital instant-read food thermometer*) nodig om die binnetemperatuur van vleis akkuraat te meet. Die meeste kombuiswinkels en heelwat supermarkte en buitelewewinkels hou sulke termometers aan.

AANBEVOLE BINNETEMPERATUUR VIR VLEIS

	Grade Celsius (°C) in dikste deel	Gaarheid
Bees	55–57	medium-rou
Lam	60–63	medium-rou
Vark	70	medium
Hoender	77	gaar

POTJIES

TIPES POTJIES

Die algemeenste gietysterpotjie is die klassieke-vorm driebeenpotjie. Aangesien sy pote vas is aan sy lyf, is hy die pot wat die stewigste staan. Skop af deur 'n nommer 3-potjie te koop. My klassieke nommer 3-potjie is ook die eerste potjie in my lewe – ek het hom op my 19de verjaardag persent gekry. Dit is ook die potjie op die omslag van hierdie boek. Die tweede tipe potjie wat jy in jou arsenaal moet hê, is 'n platboom-bakpotjie (toevallig die tweede potjie in my lewe). Hy is ontsaglik veelsydig vir kos gaarmaak en bak. Sy plat boom beteken dat hy lekker in jou motor se kattebak rondry, en wanneer daar 'n orkaan buite woed, kan jy hom op jou stoof gebruik. Begin met 'n nommer 10 – hy is relatief klein en maklik om te hanteer. Hy is ook eenhonderd persent in die kol vir malvapoeding (bladsy 188). Vir meeste potjieresepte in die boek sal een van hulle die ding doen.

HOE OM 'N NUWE POTJIE IN TE LYF

'n Potjie word van gietyster gemaak. Dit beteken dat daar 'n hele paar ongewenste elemente in jou spinternuwe potjie skuil. Om in 'n nuwe potjie kos te maak, is dus 'n baie slegte idee; nie net sal die kos vreemd lyk nie (dit sal onnatuurlik donker wees selfs al het jy dit nie gebrand nie), dit sal ook soos yster smaak. Om jou pot behoorlik in te lyf is dus baie belangrik, maar ook baie eenvoudig. Die eerste stap is om hom met warm water en skottelgoedseep te was en met staalwol te skuur. Daarna droog jy hom af en dan smeer jy die hele binnekant met olie (goedkoop sonneblomolie sal die ding doen). Verhit die potjie totdat die olie begin rook en vee hom dan deeglik skoon met papierhanddoek. Herhaal die stappe – olie, verhit, skoonvee – totdat die olie op die papierhanddoek heeltemal skoon is wanneer jy die potjie uitvee. Was nou die potjie. Toets of hy reg is vir algemene gebruik deur mieliepap (bladsy 174) daarin te kook. As die pap wit is en soos pap proe, is jou potjie nie net reg vir gebruik nie, jy het sommer ook 'n pot vol mieliepap om te geniet.

INSTANDHOUDING

Gebruik warm water, skottelgoedseep en staalwol om jou potjie skoon te kry. Maak hom deeglik droog en bêre hom met opgefrommelde koerantpapier in sy maag. Die papier sal enige vog absorbeer en verhoed dat jou potjie te erg roes. As hy wel 'n bietjie roes, skrop jy dit net af. Spoel altyd die potjie uit voor gebruik en as jy lanklaas in hom gekook het, was hom. Party mense smeer hulle potjie met kookolie en bêre dit so om te keer dat die potjie roes. Na 'n ruk word die olie egter taai en galsterig en dis waarom ek dit nie aanbeveel nie. As jy dit wil doen, maak seker dat jy die potjie elke keer baie deeglik was voor gebruik.

DIE MAN-OOND

Man-oond is my versamelnaam vir buitelug-kosmaaktoestelle waarin jy houtskoolvure maak en met nie-regstreekse hitte die kos gaarmaak. Hy het 'n deksel wat netjies pas en hom amper soos 'n oond laat werk. 'n Man-oond word tipies ingepan om groter vleissnitte of heel hoenders te braai.

Ketelbraaiers is nogal algemeen in Suid Afrika, maar persoonlik verkies ek die superieure Kamado-styl oond wat van keramiek gemaak word. Danksy die keramiekdop is dié oond hoogs doeltreffend en uitstekend geïnsuleer. Dit beteken dat hy akkuraat sowel baie hoë as baie lae temperature vir 'n lang tyd kan handhaaf. Dit stel jou in staat om nie-tradisionele snitte soos varklies (bladsy 124) en borsstuk (bladsy 46) suksesvol te braai. Sien www.monolithbraai.co.za vir meer besonderhede.

BEES

BEESTE EET HUL LEWENS LANK GRAS, BLARE EN GROENTE EN SKAKEL DIT DAN OM IN VLEIS. OM STEAK TE EET, IS SOOS OM VITAMIENPILLE TE SLUK.

T-BEEN STEAK MET BRANDRISSIEBOTTER

Hierdie is die enigste resep in die boek waar jou steaks mag brand. Nee, nie van die vuur nie, maar omdat die botter 'n skop het. Eers braai jy die steaks op 'n houtvuur se kole en dan sit jy hulle voor met 'n vurige speserybotter. Jy kan die botter vooraf maak – in teorie kan dit weke in jou yskas hou (maar in die regte wêreld gaan dit baie gouer op wees). Dit is geen geheim nie dat ek droog-rypgemaakte steaks (bo die klam-rypgemaakte weergawe) verkies en 'n T-been is 'n snit wat lekker werk vir droog-rypmaak. Moenie die steaks marineer nie, sout hulle net so effens voor, tydens of na die braai. Sodra die steaks klaar gebraai is, word elkeen gekroon met 'n stuk speserybotter en dan rus hulle vir 'n paar minute sodat die botter insmelt terwyl die gaste hulle oorhaal vir die feesmaal.

WAT JY NODIG HET

(vir 10 mense)

250 g botter teen kamertemperatuur
(sag, maar nie gesmelt nie)

2 fyngekapte vars brandrissies
(of 1 teelepel brandrissievlokkies)

1 teelepel rooipeper
(of peri-peri-poeier)

1 teelepel paprika

1 sopie pietersielie (fyngekap)

1 teelepel suurlemoensap

1 teelepel growwe sout

'n draaisel swartpeper

1 T-been steak per persoon

LAAT WAAI!

1. Vir die speserybotter gebruik jy 'n elektriese klitser, voedselverwerker, of 'n houtlepel en jou spiere om al die bestanddele (behalwe natuurlik die steak) te klop/klits/verwerk tot deeglik gemeng.

2. As jy deftig voel, kan jy die mengsel op 'n lagie kleefplastiek of olievaste bakpapier uitskep en in 'n staaf rol. Draai die punte toe (soos 'n kersklapper s'n) en bêre in die yskas tot jy dit nodig het. As jy minder deftig voel, kan jy bloot die sagte botter in die bak los waarin jy dit gemeng het en dit later met 'n teelepel uitskep.

3. Braai die T-been steaks vir tussen 8 en 10 minute op baie warm kole; draai hulle net een keer om. Onthou, as jy wonder of jou kole warm genoeg is, is hulle nie! As jy wonder of jou steaks te dun gesny is, is hulle! Voeg sout by voor, tydens of na jy braai, dis jou keuse. Al behoort jy die steaks net een keer om te draai, kan jy, danksy 'n T-been se vorm, nog een toertjie met hom doen: Jy kan hom regop neersit sodat hy vir die laaste paar minute op die kole op die plat been staan. Die agterkant van die been skroei nogal maklik swart, maar dis nie 'n probleem nie want jy gaan nie die been eet nie.

4. Sodra die steaks klaar gebraai is, sit jy hulle op 'n opdienplank of sommer dadelik op elke gas se bord. Sit 'n skyf koue brandrissiebotter (of 'n teelepel van die sagte brandrissiebotter) op elke steak sodat dit kan smelt en intrek terwyl die steak 'n paar minute lê voordat julle weglê.

EN ...

As jy van harde brand hou, gebruik meer fyngekapte brandrissies of brandrissiepoeier in die botter.

DIE BRAAI-GATSBY

Die Gatsby-toebroodjie is 'n kultustreffer in die Wes-Kaap. Jy maak dit deur 'n lang witbroodrol (bekend as 'n baguette) met billike hoeveelhede van jou gunsteling-bestanddele te vul. My vleiskeuse vir die braai-Gatsby is masala-gekruide steak. Winkel-Gatsbys het gewoonlik aartappelskyfies ook in, maar hier gaan ons 'n bietjie verder deur eerder tuisgemaakte rösti's in te sit.

WAT JY NODIG HET

(vir ten minste 4 mense)

600 g kruissnit of lendesnit

½ sopie olie

½ sopie masalapoeier

sout en varsgemaalde peper

1 lang baguette

sagte botter
(om die brood mee te smeer)

'n klompie vars slaaiblare
(afgespoel)

2–3 ryp tamaties
(in skywe gesny)

2 uie (gekaramelliseer; kyk op bladsy 50 hoe jy dit doen)

1 koppie cheddar-kaas
(gerasper)

½ koppie mayonnaise

½ teelepel peri-peri-poeier

al die bestanddele vir rösti
(sien bladsy 166)

LAAT WAAI!

1. Smeer die steak met olie en bestrooi dan eweredig met masala. Dis die beste om dit 'n paar ure voor die braai of selfs die vorige dag te doen.

2. Maak die rösti's (sien bladsy 166).

3. Braai die steak op baie warm kole vir 4 minute aan 'n kant en haal dan van die vuur af. Laat dit vir 'n paar minute op 'n houtplank rus.

4. Terwyl die steak 'n uiltjie knip, sny jy die brood in die lengte oop (maar nie heeltemal deur nie, los vir hom 'n ruggraat) en smeer die botter aan die binnekant. Hou hom oop en rooster die botterkant op die kole vir 'n minuut of wat.

5. Om die Gatsby aanmekaar te sit, pak jy 'n paar slaaiblare op die onderste helfte van die brood. Pak dan die tamatieskywe op, gevolg deur die rösti's.

6. Sny die steak in dun repies en pak dit op die Gatsby saam met die gekaramelliseerde uie en cheddar-kaas.

7. Meng die peri-peri met die mayonnaise en smeer dit op die boonste binnekant van die broodrol. Logika bepaal dat hoe meer peri-peri jy met die mayo meng, hoe meer skop gaan hy hê, so gebruik maar jou goeie oordeel om die brand na jou smaak aan te pas.

8. Vou die broodjie toe en sny in vier stukke.

EN ...

Gee gerus die steak 'n paar houe met 'n vleishamer as jy vermoed hy gaan taai wees. Dis algemene advies en nie net van toepassing op hierdie resep nie. Ek was al in 'n kombuis of twee van top-steakrestaurante wat dit ook doen. Dis natuurlik altyd beter om 'n goeie droog-rypgemaakte steak te koop wat nie getimmer hoef te word nie. Vir 'n resep soos dié is dit egter 'n mors van geld; ek gebruik 'n gewone vakuumverpakte supermark-steak.

BOLOGNESE

Ons gesin het spaghetti bolognese op die kole begin maak tydens kamptoere in Botswana en Namibië toe ek 'n tiener was. Soveel soos ek van gebraaide steak en boerewors hou, kan jy dit nie elke dag eet nie. 'n Lekker bolognese-sous moet 'n paar ure lank teen 'n lae hitte prut – dis die geheim. Die probleem is dat as jy iets wat so lekker ruik vir drie ure lank in die Sentraal-Kalahari-natuurreservaat kook, 'n trop leeus dit ook sal kan ruik en heel moontlik 'n draai by jou kamp kom maak, soos een aand met ons gebeur het. Ons het maar daardie aand in die kar geëet.

WAT JY NODIG HET

(vir 4 tot 6 mense)

2 sopies olyfolie

1 ui (opgekap)

1 wortel (gerasper)

1 selderystokkie (opgekap)

500 g maer maalvleis

200–250 g gerookte streepspek
(*streaky bacon*, opgekap)

½ sopie gemengde gedroogde kruie (of 1 sopie fyngekapte vars kruie soos basilie, tiemie en pietersielie)

½ koppie droë rooiwyn

2 blikkies tamaties
(sien onderaan bladsy 98 vir meer oor blikkies tamaties)

2 sopies tamatiepasta

1 teelepel suiker

½ sopie suurlemoensap

1 teelepel sout

1 teelepel gemaalde swartpeper

½ koppie room (opsioneel)

Om mee saam te bedien:

500 g pasta
(soos tagliatelle of spaghetti)

parmesan-kaas
(gerasper of geskaaf)

LAAT WAAI!

1. Verhit die olie in 'n potjie oor matige warm kole. Voeg die ui, wortel en seldery by en braai rustig vir 5 tot 10 minute tot die uie sag en blink is, maar nie bruin nie.

2. Voeg die maalvleis, spek en kruie by die pot en braai vir 10 minute totdat die vleis begin bruin word. Roer gereeld en breek enige klonte maalvleis op. Jy wil hê die pot se bodem moet effe bruin en plek-plek taaierig raak want dit gee die kos meer geur, maar jy wil nie hê dat dit aanbrand nie.

3. Gooi die wyn by en meng deeglik. Gebruik jou lepel om stukkies vleis en ander bestanddele van die pot se bodem af los te krap. Kook totdat die wyn amper heeltemal gereduseer het.

4. Voeg nou die tamaties, tamatiepasta, suiker, suurlemoensap, sout en peper by. Roer deeglik en kry die pot aan die prut oor lae hitte. Sit die deksel op en laat prut vir 2 ure, maar roer elke 20 tot 30 minute sodat die sous nie wegkook en brand nie. Jy het baie lae hitte nodig, presies die teenoorgestelde van wanneer jy steak braai. (As die pot droogkook, voeg 'n bietjie water by.)

5. Verwyder die deksel na 2 ure en laat die pot oop prut vir nog so 20 minute. Hou die pot mooi dop terwyl jy die geur geniet; jy wil hê die sous moet reduseer en verdik, maar nie aanbrand nie. Intussen kook jy die pasta in 'n ander pot.

6. Wanneer jy tevrede is met die bolognese-sous, meng jy die (opsionele) room by en bedien die sous saam met die pasta met 'n hand vol gerasperde parmesan bo-oor gestrooi.

EN ...

Pasta soos spaghetti en tagliatelle neem omtrent 7 tot 8 minute om die *al dente*-stadium te bereik. (*Al dente* kan hier vertaal word as 'net mooi gaar met 'n bietjie persoonlikheid'.) Vir 500 g pasta het jy omtrent 5 liter water en ½ sopie sout nodig. Moenie die pasta te gaar maak nie, want dan is dit 'n slymerige gemors. Wanneer dit reg is, tap jy die water af en bedruip die pasta dadelik met olyfolie om te keer dat dit in klonte saamkoek.

KRUISSNITSOSATIES MET TUISGEMAAKTE SOETBRANDRISSIESOUS

Om jou eie soetbrandrissiesous te maak, is maklik en vinnig. Dit neem altesame omtrent 10 minute, wat beteken jy kan dit tydens halftyd doen terwyl jy rugby kyk op TV. Die sous werk lekker saam met verskillende tipes en snitte vleis, maar is, soos 'n ordentlike losvoorspeler op die rugbyveld, nogal dominerend. Jy wil dus die sous saam met iets bedien wat nie net daardeur aangevul sal word nie, maar ook die geur sal kan hanteer, iets soos lekker kruissnitsosaties wat jy self maak. Weet net dat die sous 'n bietjie meer skop het as die supermark s'n, so as jy dinge matiger verkies, gebruik minder brandrissie.

WAT JY NODIG HET

(vir 4 mense)

Vir die soetbrandrissiesous:

5 brandrissies (enige tipe of kombinasie, en hou 'n paar ekstra byderhand)

2 huisies knoffel (fyngekap)

½ koppie appelasyn (of rysasyn, of witdruiweasyn)

½ koppie water

½ koppie suiker

1 teelepel sout

1 teelepel sojasous

½ sopie mielieblom gemeng met ½ sopie water

Vir die sosaties:

1 kg dik kruissnit

½ koppie sojasous

LAAT WAAI!

Maak die sous:

1. Kap die brandrissie fyn. As jy bang is die sous het te veel skop, haal van die pitte of al die pitte uit. Hoe meer pitte, hoe meer skop. As jy dink die brandrissies wat jy gebruik is matig, gebruik meer as 5. As die wat jy gebruik besonder sterk is, gebruik jou goeie oordeel en sterkte daarmee!

2. Meng die halwe sopie mielieblom met 'n halwe sopie water in 'n geskikte koppie, glas of beker en hou dit naby.

3. Gooi die fyngekapte brandrissie, knoffel, asyn, water, suiker, sout en sojasous in 'n klein vuurvaste pan of potjie, roer deeglik en kry dit aan die prut op die vuur.

4. Laat prut vir omtrent 6 minute totdat die suiker heeltemal opgelos het; presies hoe lank dit neem, sal natuurlik van jou kole of vlamme afhang.

5. Voeg nou die mielieblommengsel van stap 2 by en roer tot die sous verdik. Dit sal omtrent 'n minuut neem.

6. Die sous is nou reg. Haal dit van die vuur af, laat effens afkoel en bedien. Anders kan jy dit in 'n klein glasflessie gooi, die deksel opsit en in die yskas bêre tot jy reg is om dit te gebruik.

Maak die kruissnitsosaties:

1. Koop die dikste kruissnitte wat jy kan kry. Die beste plan is om die slagter te vra om vir jou kruissnit van omtrent 3 cm dik te sny.

2. Sny die steak in blokkies met sye wat omtrent 3 cm lank is, maar dit is regtig nie 'n presiese voorskrif nie.

3. Gooi al die blokkies vleis in 'n marineerbak en gooi die sojasous oor. Rol die vleis rond in die sous sodat alles bedek word. Maak die bak toe en laat die vleis vir ten minste 30 minute marineer.

4. Ryg die vleis op 4 sosatiestokkies.

5. Braai die sosaties vir omtrent 8 tot 10 minute op warm kole tot net verby medium-rou en bedien met die soetbrandrissiesous.

BEESBURGER MET SPEK EN KAASSOUS

Daar is heelwat geurkombinasies vir burgers en geen vaste reëls nie. Party opsies is egter sekerlik gewilder as ander. Tydens die skryf van hierdie boek, was dié my gunsteling. Die geur van jou kaassous hang direk af van die gehalte en smaak van die kaas wat jy gebruik.

WAT JY NODIG HET

(vir 6 mense)

Vir die kaassous:

2 sopies botter

2 sopies koekmeel

2 koppies melk (volroom natuurlik)

1 sopie Dijon-mosterd

minstens 1 koppie gerasperde beleë kaas (1 koppie gerasperde kaas is omtrent 100 g, maar gaan eerder vir te veel as te min – ek gebruik 'n mengsel van cheddar, parmesan en wat ook al in my yskas is)

sout en swartpeper na smaak (nie alle kaas het dieselfde soutinhoud nie)

Vir die burgers:

1 kg goeie-gehalte beesmaalvleis

1 sopie olyfolie

sout en peper (opsioneel)

1 pakkie gerookte streepspek (200–250 g)

6 hamburger-rolletjies (oopgesny en aan die binnekante gebotter)

slaaiblare (afgespoel en afgedroog)

2 groot tamaties (in skywe gesny)

LAAT WAAI!

Maak die kaassous:

1. Jy kan die sous in 'n pot op die stoof of in 'n potjie op die vuur maak, wat ook al makliker is. Smelt die botter oor medium-hitte en gooi dan die meel by. Roer totdat die meel mooi met die botter gemeng het en kook vir 1 minuut terwyl jy aanhoudend roer.

2. Gooi die melk bietjies-bietjies by terwyl jy met mening roer om die inhoud van die pot in 'n gladde sous te omskep. Moet die sous nie vir 'n oomblik alleen laat nie; glo my, ek praat uit ervaring. As jy in enige stadium voel jy verloor beheer, verminder die hitte onder die pot en meng alles wat al in is eers ordentlik voordat jy nog melk bygooi.

3. Sodra jy al die melk bygemeng het, gooi jy die mosterd en kaas by. Roer deeglik totdat die kaas gesmelt het.

4. Haal die pot van die hitte af en proe. Voeg sout en peper by as die sous dit nodig het. Party kase is klaar baie souterig en die sous het dan net 'n goeie draaisel swartpeper nodig. Hou die sous eenkant totdat die burgers reg is. Verhit dit weer en roer net voordat jy dit oor die burgers skep. Moenie bekommerd wees as daar 'n velletjie op die sous vorm nie, hy roer weer weg. Jy kan natuurlik ook die sous maak terwyl jy die frikkadelle braai.

Maak die burgers:

1. Verdeel die maalvleis in 6 bolle en vorm in burgerfrikkadelle met jou skoon hande. Druk die frikkadelle altyd 'n bietjie platter as wat jy dink reg is, want hulle gaan krimp en in die middel 'n bietjie uitsit terwyl jy braai. Verf die frikkadelle liggies aan albei kante met olyfolie.

2. Sit die frikkadelle op 'n oop rooster en gooi sout en peper oor. Braai die frikkadelle vir 5 minute en draai hulle dan versigtig om met 'n metaalspatel. Gooi weer sout en peper oor en gee hulle nog 5 minute op die kole – altesame dus 10 minute. Om dit duidelik te stel, jy draai die burgerfrikkadelle net een keer. Elke keer wat jy hulle omdraai, loop jy die gevaar dat hulle sal breek. Moenie aan die frikkadelle karring wanneer hulle op die rooster is nie, dit laat jou soos 'n beginner lyk.

3. Terwyl jy die frikkadelle op die kole het, braai sommer ook die spek tot bros. Jy kan dit in 'n pan doen of jy kan die repe op die rooster uitpak. Draai hulle ook net een keer. Kyk mooi dat daar nie enige spek deur die rooster op die kole val nie. Dit sal jou ook soos 'n amateur laat lyk.

4. Sit die gesnyde broodrolletjies op die rooster met die botterkant ondertoe, braai tot goudbruin en haal dadelik van die kole af. Wees versigtig om nie die rolletjies te brand nie; dit gebeur maklik en jy is gewaarsku.

5. Bou die burgers: Broodrolletjie, slaaiblaar, tamatie, spek, frikkadel, sous.

BEES-TRINCHADO-POTJIE

Behalwe dat die Portugese die eerste toeriste was om 'n skip in Mosselbaai te anker, is hulle ook bekend vir 'n paar suksesse in die kookkuns. Een van hul beste is die ryk knoffel- en brandrissie-gegeurde beesbredie bekend as trinchado. In teorie kan jy met die bestanddele van die resep vir 8 mense kos gee, maar ek het al geleer dat dit een van daardie lekker disse is waarvan almal 'n tweede keer inskep.

WAT JY NODIG HET

(vir 6 tot 8 mense)

2 kg steak in 4 cm-blokkies (ek gebruik 'n mengsel van riboog en kruissnit)

2 sopies sojasous

2 sopies olyfolie

2 sopies botter

2 uie (fyngekap)

10 huisies knoffel (fyngekap)

½ sopie rooipeper (of brandrissiepoeier)

3 lourierblare

2 koppies beesaftreksel

½ koppie brandewyn (nee, dis nie 'n drukfout nie)

½ koppie rooiwyn (nee, dis ook nie 'n drukfout nie)

½ sopie sout

1 teelepel swartpeper

'n groot hand vol ontpitte swart olywe

1 koppie room (250 ml-houertjie)

gerasperde skil van 'n klein suurlemoen

LAAT WAAI!

1. Gooi die sojasous oor die blokkies vleis. Braai nou die vleis in die pot om dit te seël en die sappigheid binne te hou; doen dit in sarsies, soveel as wat gelyk onder in die pot pas. As jou pot groot genoeg is kan jy natuurlik ook al die vleis gelyk braai. Kry ordentlike hitte in jou pot deur dit reg bo-op die vlamme te sit. Sit 'n sopie olyfolie en 'n sopie botter in die pot en braai omtrent 'n derde van die vleis. Haal die vleis uit en hou dit eenkant. Sit nog 'n sopie olyfolie en 'n sopie botter by en braai die volgende derde. Teen die tyd dat jy by die laaste derde kom, sal daar genoeg botter en olyfolie in die pot oor wees.

2. Wanneer jy die laaste sarsie vleis verbruin het, gooi jy die res van die vleis ook in die pot (tensy alles natuurlik gelyk in jou groot genoeg pot verbruin is). Voeg nou die uie, knoffel, rooipeper en lourierblare by en braai vir omtrent 10 minute tot die uie sag is.

3. Gooi die vleisaftreksel, brandewyn, wyn, sout en peper by. Verhit tot die sous begin prut, sit die deksel op en laat die potjie rustig vir omtrent 'n uur voortprut totdat die vleis heeltemal sag is en al die smake lekker saamgesmelt het.

4. Haal die deksel af en roer die olywe, room en suurlemoenskil by. Kry dit aan die borrel en laat prut sonder die deksel vir nog so 10 minute totdat die sous begin verdik.

5. Haal van die vuur af en laat vir 'n paar minute rus. 'n Rojale hoeveelheid sous is deel van hierdie gereg so bedien hom gerus ook in bakke en eet die sous met lepels.

EN ...

Ek weet dit klink na moeite om suurlemoenskil te rasper, maar daar is kere wat jy dit net regtig moet doen en hierdie is een van hulle. Om suurlemoenskil te rasper is regtig nie moeilik nie, dit ruik lekker en sal jou laat lyk soos die tipe kenner wat dié boek gelees het. Dit gee 'n unieke geur aan die dis wat net nie dieselfde daarsonder sal wees nie.

FILET IN ROOIWYNSOUS

Dit is 'n welbekende feit dat gebraaide steak en rooiwyn groot vriende is. Wat verder onbestrede is, is dat 'n steak wat jy op die kole van 'n oop houtvuur braai, 'n unieke en nogal lekker smaak het. Hier sit ons dié twee universele waarhede bymekaar om iets op te dis wat, as ek dit self mag sê, wonderskoon is.

WAT JY NODIG HET

(vir 4 mense)

1 kg filet-steak (of effens groter)

1 sopie botter

½ ui (so fyn as moontlik gekap)

1 huisie knoffel (fyngekap)

1 teelepel vars tiemieblare

½ sopie meel

1½ koppies rooiwyn

½ koppie beesaftreksel

1½ sopies suiker

1 teelepel balsamiese asyn

sout en varsgemaalde swartpeper

LAAT WAAI!

1. Steek 'n relatiewe groot vuur aan met jou gunsteling-braaihout.

2. Haal die steak uit sy verpakking. Spoel hom onder koue water af en klad droog met kombuispapier. Sny hom in vier gelyke porsies en gooi dan ordentlik sout en peper oor. Moenie skaam wees met die peper nie. Bedek die steak om die vlieë weg te hou en gaan aan na die volgende stap.

3. Sit 'n middelslag- vuurvaste pan of potjie op die vuur. Jy wil redelike sterk hitte hê, maar dit moenie skroeiwarm wees nie, so gebruik net party van die brandende stompe onder die pot, nie almal nie.

4. Smelt die botter en braai die ui, knoffel en tiemieblare vir omtrent 5 minute totdat die ui sag is en begin bruin raak. As jy 'n gereelde gebruiker van die boek is en goeie dinge waardeer, sal jy weet om eers die uie te braai en die knoffel by te sit net so 'n minuut voor jy oorgaan na stap 5.

5. Voeg die meel by en roer deeglik, dan voeg jy dadelik die rooiwyn, aftreksel, suiker en asyn by. Meng behoorlik en kry aan die kook op sterk hitte om die vloeistof met die helfte af te kook. Roer gereeld. Die presiese tyd sal afhang van die grootte van jou pot en die hitte van jou vuur, hier by 15 minute rond – dalk meer, dalk minder. Terwyl die vloeistof afkook, behoort dit te verdik om 'n ryk sous te vorm. Proe nou die sous en gooi sout en peper by as dit nodig is. Hou in gedagte dat sommige beesaftreksels klaar nogal souterig is, so jy het dalk nie enige ekstra sout nodig nie. Sodra jy gelukkig is met die tekstuur van die sous, haal jy hom van die vuur af.

6. Terwyl jy wag dat die sous in stap 5 afkook, braai jy die steaks oor baie sterk hitte vir omtrent 8 tot 10 minute. Braai hulle aan al 4 of 6 kante. Dis reg, wanneer jy 'n 1 kg-filet in 4 stukke opsny, kan die steaks 4 of 6 kante hê.

7. Sit die steaks op warm borde, gooi die rooiwynsous oor en bedien.

EN ...

Jy kan uit die aard van die saak hierdie sous saam met enige ander snit gebraaide steak ook bedien, maar ek hou van hom saam met filet, want 'n filet is lekker sag, maar kort mos so 'n biejtie ekstra geur.

BEESSTERT

In terme van die kookkuns is 'n goeie beesstertbredie 'n supermodel. Beesstert is 'n baie taai vleissnit met baie kollageen (bindweefsel). Jy kan hom nie in 'n japtrap op die rooster braai nie. As beesstert lank teen 'n lae temperatuur gaargemaak word, skakel die kollageen om in gelatien, die element wat aan die tipiese beesstertdis sy ryk, volronde geur gee. Dié resep is nie besonder moeilik nie, maar jy het tyd en geduld nodig; so, begin lank voordat jy wil opdis. 'n Riglyn: As jy agtuur die aand wil aansit, moet jou potjie teen drieuur die middag al aan die kook wees.

WAT JY NODIG HET

(vir 6 mense)

2 kg beesstertstukke

1 sopie olyfolie

1 ui (opgekap of in ringe gesny)

3 huisies knoffel (fyngekap)

1 teelepel brandrissiepoeier

1 koppie port (gebruik rooiwyn as jy nie port het nie)

1 koppie water

'n bietjie ekstra vloeistof (port, water of beesaftreksel)

1 teelepel sout

1 teelepel gemaalde swartpeper

250 g knopiesampioene

1 koppie room (250 ml-houertjie)

2 sopies perskeblatjang

LAAT WAAI!

1. Kies 'n potjie wat groot genoeg is om al die beesstertstukke in min of meer 'n enkele laag op die bodem te akkommodeer. Braai die beesstert in olyfolie vir so 10 minute tot ordentlik bruin.

2. Voeg nou die ui, knoffel en brandrissiepoeier by en braai vir nog 'n paar minute totdat die ui effens bruin is.

3. Voeg nou die port, water, sout en peper by. Sit die deksel op en laat die pot rustig prut, met ander woorde, haal jou voet van die pedaal af en hou die hitte laag. Trap selfs effens rem deur 'n paar kole weg te krap sodat die vloeistof net-net prut. Die vleis sal basies so prut vir altesame 5 ure. Loer elke nou en dan in om te sien of die temperatuur hou en skuif nog kole onder die pot in as en wanneer dit nodig is. Voeg enige tyd nog 'n knerts port, water of vleisaftreksel by as die hitte te sterk is of die vloeistof te vinnig wegkook, maar net as dit regtig nodig is. Na so 2 of 3 ure draai jy elke stuk beesstert om sodat die kant wat ondertoe gekyk het nou boontoe kyk en andersom.

4. So 90 minute voor die einde (na omtrent 3½ ure) lig jy die deksel op, gooi gou die sampioene, room en perskeblatjang by en sit weer die deksel op.

5. Die vleis moet baie sag wees en maklik van die been loskom wanneer jy dit eet, maar dit moenie in die pot al van die bene afkook nie – ons maak nie sop nie. Na altesame sowat 4½ ure lig jy die deksel om te kyk of die beesstert van die been af begin kom. As die vleisie nog stewig sit, sit jy weer die deksel op tot dit sulke tyd is.

6. Wanneer die beesstert regtig sag is, proe jy aan die gereg, gooi sout en peper oor en roer versigtig.

7. Bedien met pietersielie-gegeurde kapokaartappels (sien onder).

HOE OM PIETERSIELIE-GEGEURDE KAPOKAARTAPPELS TE MAAK

1. Was 6 medium-tot-groot aartappels en kook hulle dan in soutwater tot sag. Hulle is reg wanneer die skille begin bars.

2. Jy hoef nie die aartappels te skil nie. Gooi die water uit die pot en druk die aartappels fyn met 'n aartappeldrukker. Raak ontslae van al die groot stukke skil wat aan die aartappeldrukker vassit, maar los die klein stukkies; dit dra by tot die smaak.

3. Meng twee sopies botter of room en twee sopies fyngekapte, vars pietersielie met die aartappels. Voeg sout en peper by na smaak.

STEAK-EN-MOUTPASTEI

Die Iere het hulle eie weergawe van Nasionale Braaidag. Hulle noem dit St Patrick's Day en op daardie dag kom die hele Ierland tot stilstand vir een groot partytjie. Ek was al by 'n paar St Partrick's Day-vieringe in Dublin as deel van my voortdurende navorsing ter bevordering van Nasionale Braaidag. Nou, elke enkele kroeg in Ierland bedien 'n fantastiese pastei van steak en mout; dis stapelvoedsel daar. Ek het die resep aangepas om by ons plaaslike braaitoestande te pas. Jy maak die pastei se vulsel in 'n potjie en jy braai die deeg op 'n rooster oor die kole. Pasteityd!

WAT JY NODIG HET

(vir 6 mense)

2 sopies olyfolie

1 kg steak (dikrib is die beste, andersins kruissnit; in blokkies van 2 × 2 cm gesny)

2 teelepels sout

1 teelepel swartpeper

1 sopie koekmeel

1 ui (fyngekap)

1 wortel (geskil en fyngekap)

2 selderystokkies (fyngekap)

1 sopie gemengde kruie (roosmaryn, tiemie, pietersielie; of ½ sopie droë gemengde kruie)

1 blikkie of bottel moutbier (*stout beer*; omtrent 400 ml)

250 g knopiesampioene (in die helfte gesny)

1 pakkie skilferkorsdeeg (400 g, heeltemal ontdooi)

LAAT WAAI!

Maak die pastei se vulsel:

1. Verhit die olie in 'n potjie op 'n warm vuur. Voeg dan die vleisblokkies, sout en peper by en roer. Strooi die meel oor die vleis en roer om die meel eweredig te versprei. Die bodem van die pot kan dalk 'n bietjie droog lyk, maar moet jou nie te veel daaroor bekommer nie. Braai nou die vleis in die pot vir so 5 minute totdat dit effe bruin is.

2. Voeg die gekapte uie, wortel, seldery en kruie by en braai nog so 5 minute.

3. Gooi nou die mout by. Roer om enige taai stukkies onderin die pot los te wikkel en kry die mengsel aan die prut. Sit die deksel op en laat dit vir so 15 minute prut.

4. Voeg die sampioene by, sit die deksel weer op en laat dit vir 1 uur op 'n lae hitte prut. Dit is baie belangrik om die hitte laag te hou. 'Baie lae hitte' beteken net 'n paar kole en geen noemenswaardige vlamme onder die pot nie.

5. Wanneer die vulsel in die pot amper reg is (na omtrent 1 uur se prut), rol jy die skilferkorsdeeg oop. Nou het jy twee keuses: sny die deeg óf in die vorm van die bakkies waarin jy die pastei gaan bedien, óf in vierkante wat jy dan bo-op die vulsel in borde of bakkies gaan sit. Braai die deegvormpies in 'n geoliede toeklaprooster vir omtrent 20 minute oor baie matige kole. Draai die rooster gereeld totdat die deeg goudbruin en bros is. Moenie te vinnig braai nie, want dan is die kanse goed dat jy die kors sal verbrand. Dit sal aanvanklik lyk of die deeg begin smelt; ontspan, dit sal gou harder en maklik hanteerbaar word mits jy aanhou om dit versigtig oor die hitte om te draai.

6. Wanneer die vulsel reg is, haal jy die potjie van die vuur af en roer deeglik. Die vloeistof behoort nou dik en blink te wees. Indien nie, laat dit vir 'n paar minute sonder die deksel prut sodat dit kan reduseer en verdik. Proe en voeg sout en peper na smaak by.

7. Bedien deur die vulsel in bakkies of in borde op te dis en dan die gebraaide stukke kors bo-op te sit. Jy kan ook die pastei saam met kapokaartappels voorsit as jy lus het.

EN ...

Al is Guinness die wêreldbekende voorbeeld van moutbier, is dit glad nie die enigste een nie. Die resep sal net so lekker smaak met 'n plaaslike gunsteling soos Castle Milk Stout.

MILK STOUT
CASTLE
CASTLE
MILK STOUT

SHISH-KEBABS

Shish-kebabs is die Turkse weergawe van ons sosaties. Die Turke is mal daaroor om pikante gemarineerde vleis saam met tamaties, soetrissies, uie en sampioene op sosatiestokkies te ryg, en ek dink hulle het 'n ding beet. Laat die vleis oornag marineer sodat die geure kans kry om ordentlik te ontwikkel en in die vleis in te trek.

WAT JY NODIG HET

(lewer 6 tot 8 kebabs)

Vir die marinade:

½ koppie olyfolie

½ koppie suurlemoensap

½ sopie gemaalde komyn

½ sopie gemaalde paprika

½ sopie gemaalde koljander

½ sopie gedroogde origanum

1 teelepel sout

½ teelepel swartpeper

Vir die kebabs:

1 kg steak (kruissnit, lendesnit, riboog of filet, in blokkies van 3 × 3 cm gesny)

2 uie (in groot stukke gesny en die lobbe geskei)

2 soetrissies (groen, geel of rooi, pitte en stingels uitgehaal, in vierkantige stukke gesny)

250 g klein knopiesampioene (button mushrooms; heel)

250 g kersietamaties

LAAT WAAI!

1. Gooi die marinadebestanddele in 'n groot bak en meng deeglik. Gooi die blokkies beesvleis by en roer tot al die vleis met marinade bedek is. Maak die bak toe en laat dit vir minstens 3 ure op jou toonbank of iewers in die skaduwee marineer, maar verkieslik oornag in die yskas. Wanneer jy lus kry (voordat jy gaan slaap of wanneer jy koffie maak die volgende oggend) kan jy by die vleis inloer en dit 'n bietjie roer voor jy dit terugsit in die yskas.

2. Wanneer jy die vuur aansteek, haal jy die gemarineerde vleis uit die yskas, was jou hande en ryg die blokkies vleis op sosatiestokkies. Wissel die vleis af met stukke ui, soetrissie, heel sampioene en kersietamaties en sorg dat jy jou bestanddele lekker styf teenmekaar inryg. Verf die kebabs met enige marinade wat jy oor het.

3. Braai die kebabs vir omtrent 8 minute op warm kole. Kebabs op die braai kan soms vol nonsens wees en dit is dus die beste om hulle in 'n toeklaprooster te braai sodat jy hulle makliker kan omdraai.

EN ...

As jy in die middel van die Karoo is en jy het toegang tot 'n ordentlike voorraad goeie lamsvleis teen 'n billike prys, kan jy gerus lamskebabs in plaas van beeskebabs maak.

GEBRAAIDE MASALA-BEESMURGBENE

Om murgbene te eet, is heel dekadent. Geniet hulle op warm brood op die kole gerooster en 'n glas yskoue witwyn. Vra jou slagter (by die slaghuis of agter die supermark se vleistoonbank) vir dikgesnyde murgbene om te braai. Hulle behoort daarvan te hê of sal dit net daar vir jou kan sny. Skene werk lekker. Jy sal sien dat hoe breër die bene is, hoe makliker is dit om die murg uit te kry as jy klaar gebraai het.

WAT JY NODIG HET

(vir 6 mense as voorhappie)

1½–2 kg beesmurgbene
(5 cm dik)

1 sopie olyfolie

2 sopies garam masala

sout en swartpeper

brood (om mee te bedien)

suurlemoenskyfies
(om mee te bedien)

LAAT WAAI!

1. Verf die murgbene met olie, strooi die garam masala oor en voeg sout en peper by.

2. Pak al die bene plat op 'n toeklaprooster sodat die oop kante boontoe en ondertoe kyk, en knyp die rooster toe. As jou murgbene te dik is om in die rooster te pas, braai hulle op 'n oop rooster en draai gereeld met 'n braaitang.

3. Braai die bene vir omtrent 20 tot 25 minute oor warm kole, draai elke nou en dan. Die presiese braaityd hang af van hoe warm jou vuur is. Jy sal sien dat die murgbene aan die ente van die been begin opswel wanneer hulle amper reg is. Toets een murgbeen deur dit van die vuur af te haal en die murg uit te skep. As die murg nog effens pienk of rooi is, braai die bene vir nog 5 tot 10 minute. Moenie bekommerd raak as die buitekante van die bene effens donker skroei nie.

4. Wanneer die murgbene amper reg is, braai jy 'n paar snye brood op die rand van die rooster tot goudbruin.

5. Haal die bene van die kole af sodra hulle gaar is en bedien met die varsgeroosterde brood, suurlemoenskyfies en soutvlokkies. Jy behoort die murg redelik maklik uit die bene te kry met 'n gewone mes.

EN ...

Jy kan garam masala by enige speserywinkel koop wat sy braaisout werd is.

BRANDRISSIE CON CARNE

Brandrissie con carne werk ewe lekker as 'n ontbyt, laat-ontbyt, middagete of aandete. Dis perfek vir 'n *surf*-toer, jaguitstappie of enige ander plek waar jy 'n warm ete met skop vir 'n honger klomp wil voorsit! Die lekker ding is dat hy eintlik beter raak nadat hy 'n paar ure gestaan het, so jy kan jou potjie maak en die see of die veld invaar. Wanneer jy terugkom en almal koud en honger is, verhit jy net weer die potjie – en siedaar, jy's die held van die dag!

Moenie skrik vir die lang lys bestanddele nie. Die metode vergoed daarvoor en is baie eenvoudig. Bedien netso of met 'n sny brood.

WAT JY NODIG HET

(vir 4 mense)

2 sopies olyfolie

2 uie (fyngekap)

4 huisies knoffel (fyngekap)

1 rooi soetrissie (pitte en stingels uitgehaal, dan opgekap)

500 g maer beesmaalvleis

1 wortel (gerasper)

1 teelepel paprikapoeier

1 teelepel gemaalde komyn

1 teelepel brandrissiepoeier (of rooipeper)

1 teelepel gemaalde koljander

2 blikkies opgekapte tamaties

1 sopie tamatiepasta (of 1 × 50 g-pakkie)

1 blikkie borlotti-bone (water afgegooi en onder koue water afgespoel)

1 blikkie kekerertjies (chickpeas; water afgegooi en onder koue water afgespoel)

1 sopie asyn

½ sopie suiker

½ sopie sout

1 teelepel swartpeper

1 koppie suurroom (250 ml-houertjie, om mee te bedien)

vars koljanderblare (om mee te bedien)

LAAT WAAI!

1. Verhit die potjie op 'n warm vuur. Sit die uie, knoffel en soetrissie in die potjie en braai vir 5 tot 10 minute totdat die uie sag is en begin bruin raak aan die kante.

2. Voeg die maalvleis by, roer en breek enige klonte met 'n houtlepel. Braai vir omtrent 10 minute totdat die beesvleis onder aan die pot begin 'haak'. Wees versigtig vir aanbrand.

3. Voeg die wortel, paprikapoeier, komyn, brandrissiepoeier en koljander by en roer deeglik.

4. Gooi nou die tamaties, tamatiepasta, bone, kekerertjies, asyn, suiker, sout en peper by en roer deeglik.

5. Kry die mengsel aan die borrel en laat dit vir omtrent 15 minute prut. Roer elke nou en dan om te keer dat die pot onder aanbrand.

6. Haal van die vuur af en bedien met 'n leksel suurroom en 'n paar vars koljanderblare. Anders kan jy die potjie van die vuur afhaal, dit iewers met die deksel op laat rus, en na 'n paar ure opwarm voor jy opskep.

EN ...

As jy van plan is om die dis te maak wanneer jy op toer is, moenie al die bottels en pakkies speserye inpak nie. Meet hulle by die huis af en gooi hulle saam in een klein sakkie of houertjie.

STEAK MET MOSTERD-EN-BRANDEWYNBOTTER

Die geur van mosterd, botter en brandewyn pas goed by 'n gebraaide steak. Deesdae weet die meeste mense dat jy 'n steak medium-rou behoort te eet, en dus is dit hoe jy hom moet braai. Berei die gegeurde botter voordat jy braai en hou dit in die yskas tot jy dit nodig kry.

WAT JY NODIG HET

(vir 10 mense)

250 g gesoute botter teen kamertemperatuur (baie sag, maar nie gesmelt nie)

2 sopies mosterd

2 sopies brandewyn

1 sopie pietersielie (fyngekap)

1 teelepel suurlemoensap

1 teelepel swartpeper

steaks (1 per persoon)

LAAT WAAI!

1. Sit al die bestanddele in 'n bakkie, behalwe natuurlik die steak, en meng dit goed.

2. Skep die gegeurde bottermengsel in 'n mooi bakkie waaruit jy dit kan bedien. Bedek die bakkie met kleefplastiek of foelie en sit dit in die yskas totdat jy reg is om dit te gebruik. Jy kan stappe 1 en 2 ure of selfs dae vooraf doen.

3. Haal die botter uit die yskas net voor jy die vuur aansteek, dan sal dit nie kliphard wees wanneer jy dit voorsit nie.

4. Braai die steaks vir 4 minute aan elke kant op baie warm kole tot medium-rou. Vir 'n volledig beskrywing van presies hoe om steak perfek te braai, sien bladsy 9 tot 10 van my eerste boek, *Vuurwerke*.

5. Sit die steaks op die borde en skep 'n goeie lepel botter op elke steak. Soos wat die botter oor die vleis smelt, trek die geur in.

EN ...

Jy kan natuurlik eksperimenteer met die bestanddele wat hierbo gegee word en gegeurde botter na jou eie smaak maak om saam met gebraaide steak te eet.

In stap 2 kan jy ook 'n staaf botter maak deur die mengsel in 'n rolletjie te vorm en in kleefplastiek of waspapier toe te draai voordat jy dit in die yskas sit. In stap 4 kan jy dan die botterworsie in skywe sny en 'n skyf op elke steak sit.

MADRAS-BEESKERRIE

Een van die beste dinge omtrent Brittanje is glad nie eens Brits nie, dis Indies. Die Britte is mal oor hulle Indiese kerrie en die Madras-kerrie, wat sy naam kry by die suidelike Indiese stad (nou Chennai), is van die bestes. Die dis se neus (soos wynproewers dit sal noem) het 'n klompie geure wat hom onderskei en wat jy sal optel as jy hom met al die regte bestanddele maak. Madras-kerrie is tradisioneel baie sterk, so as jy begin sweet wanneer jy nog net aan brandrissie dink, blaai verby, of bly hier vir 'n smaaklike maaltyd, maar los die brandrissiepoeier uit. Die speserye hieronder behoort almal standaard-items in jou kombuis te wees. As jy moet aankoop, moenie bekommerd wees dat dit geldmors is nie – jy gaan dié speserye vir baie ander resepte in die boek gebruik.

WAT JY NODIG HET

(vir 4 tot 6 mense)

2 sopies plantolie

1 ui (fyngekap)

1 teelepel gemaalde kaneel

2 kardemompeule

½ sopie komynsaad
(of anys, maar nie steranys nie)

½ sopie gemaalde koljander

½ sopie brandrissiepoeier
(opsioneel)

½ sopie paprikapoeier

1 teelepel borrie

½ sopie garam masala

1 kg beesvleis
(sonder die bene, in stukke gesny)

½ sopie sout

1 teelepel swartpeper

4 huisies knoffel (fyngekap)

vars gemmer (in volume gelyk aan die knoffel; gerasper)

1 blikkie opgekapte tamaties

1 blikkie klappermelk

1 suurlemoen se sap

1 bakkie vars koljanderblare

LAAT WAAI!

1. Verhit die olie in 'n potjie op 'n middelslag vuur. Voeg die ui by en braai totdat dit sag is, maar nie bruin nie.

2. Nou kom die speserye by: kaneel, kardemom, komyn, koljander, brandrissie (opsioneel), paprika, borrie en garam masala. Roer vir 'n minuut totdat dit onweerstaanbaar begin ruik. Nou gaan die neuse begin praat. Jou bure gaan dalk bel om hulself vir ete te nooi. Bly gefokus en kyk na die bodem van die potjie wat dalk baie droog kan lyk. Gaan dadelik oor na die volgende stap.

3. Voeg die vleis, sout, peper, knoffel en gemmer by. Braai vir 'n paar minute totdat die vleis alkante begin bruin raak. Die beesvleis sal sap afskei. Gebruik dit om enige taai stukkies wat aan die bodem van die potjie klou, los te krap. As jy sukkel, gooi 'n klein bietjie water by om jou te help, maar dit gaan waarskynlik nie nodig wees nie.

4. Gooi die tamaties, klappermelk en suurlemoensap by. Kry die mengsel baie liggies aan die prut, sit die deksel op en laat dit vir 90 minute verder gaarword oor 'n paar kole (nie vlamme nie) totdat die vleis sag is.

5. Bedien op rys (sien bladsy 182) met 'n jogurt-en-komkommersous bekend as raita (sien bladsy 86) en vars koljanderblare.

EN ...

As jou potjie nogal klein is en jy nie al die vleis op een slag kan bruin braai nie, doen dit eerder in sarsies voordat jy die uie braai. Sit dan die bruingebraaide vleis eenkant en voeg dit weer tydens stap 3 by die res van die potjie.

STEAKBURGER MET KOLJANDER-EN-PERI-PERI-SOUS

Dié sous is 'n allemansvriend: Hy is lekker saam met verskillende tipes braaivleis, veral steak en hoender. Maak die sous voor jy braai sodat jy lekker ontspanne kan lyk wanneer jou gaste by is. Draai die steaks net een keer om terwyl jy hulle braai, en speel dit koel. Niemand sal iets vermoed tot die eerste hap nie.

WAT JY NODIG HET

Vir die sous:
(lewer genoeg sous vir 8–10 burgers)

½ koppie mayonnaise

½ koppie blatjang

5 huisies knoffel (fyngekap)

3 of 4 African bird's eye-brandrissies
(stingels afgesny en fyngekap)

1 teelepel peri-peri-poeier

1 bakkie (omtrent 30 g) **vars koljander** (fyngekap)

Vir een steakburger:

200 g kruissnit
(of lendesnit, of hoenderfilet)

hamburger-rolletjie

slaaiblaar

skywe tamatie

LAAT WAAI!

Maak die sous:

Meng al die bestanddele saam. Gebruik dit dadelik of bêre in die yskas in 'n lugdigte houer.

Maak die burgers:

1. Gebruik een 200 g kruissnit of lendesnit per persoon. Gee die vleisie 'n paar houe met die vleishamer om hom oral ewe dik te maak en sodat hy op die rolletjie pas. Dit sal ook veroorsaak dat jou tande makliker deur die vleis hap wanneer dit op die broodrolletjie is. In die braai-industrie noem ons dit die '*tender bite*'.

2. Braai die steaks vir 6 tot 8 minute op baie warm kole tot net gaarder as medium-rou.

3. Sit die steaks in die gebotterde hamburger-rolletjies saam met slaaiblare en tamatie. Sit 'n ordentlike skep van die sous bo-op en geniet die oomblik.

BORSSTUK IN 'N MAN-OOND

In die Amerikaanse *barbecue* wêreld is borsstuk (*brisket*) die ware toets of 'n man sy vuur ken. Texas is waar die dinge gebeur, daarom gebruik ek hier 'n soet en pikante Texas-tipe *rub*. Dit is ideaal vir borsstuk, maar werk net so goed op varkvleis. Die kuns is om die vleis vir 'n hele paar ure in 'n man-oond teen 'n lae, indirekte hitte te bak en dit so kans te gee om regtig sag te word. As jy dit reg doen, sal die vleis gerook en verbasend soet proe.

WAT JY NODIG HET

(vir so 6 tot 8 mense)

2,5 kg borsstuk (verkieslik met 'n lekker lagie vet; vra jou slagter vir die plat, reghoekige stuk vleis, want hy sal weet presies waarna jy soek)

1 sopie bruinsuiker

1 sopie soutvlokkies (of medium-growwe soutkorrels)

1 sopie swartpeper (varsgemaal)

1 sopie paprika (of gerookte paprika)

1 sopie origanum

½ sopie brandrissiepoeier (of gemaalde peri-peri, opsioneel)

LAAT WAAI!

1. Om die *rub* te maak, meng jy al die bestanddele (behalwe natuurlik die vleis) in 'n klein bakkie.

2. Was die vleis onder koue lopende water en klad dit droog met kombuispapier. Strooi nou die *rub* ordentlik oor die vleis sodat die hele oppervlak bedek is en vryf dit dan met jou skoon hande in (alles sal nie aan die vleis klou nie, maar probeer om soveel as moontlik te laat klou). Nou kan jy dadelik aangaan na die volgende stap of jy kan die vleis bedek en vir 'n paar ure in die yskas laat sodat die speserye behoorlik kan intrek.

3. Stel die man-oond op vir indirekte braai en kry sy temperatuur tussen 110 en 120 °C.

4. Sit die stuk vleis in 'n foelie-drupbak en plaas die bak in die middel van die man-oond se boonste rooster. Maak jou man-oond se deksel toe en bak die borsstuk vir minstens 6 ure terwyl jy die temperatuur met die luggate reguleer om dit tussen 110 en 120 °C te hou.

5. Die vleis is reg wanneer sy binnetemperatuur hoër as 80 °C op die vleistermometer is. Begin na so 5 ure toets of hy reg is, maar moenie die deksel te dikwels oplig nie, want dan ontsnap die hitte en word die hele proses vertraag.

6. Wanneer die vleis reg is, haal jy hom uit die man-oond en sit hom op 'n groot houtsnyplank. Bedek losserig met foelie en laat hom vir 10 minute rus. Sny hom dan in dun skywe teen die grein. Bedien die vleis netso of op toebroodjies of geroosterde rolletjies met iets soos kaas, tamatie, slaaiblare, mayonnaise en mosterd. Nog 'n gewilde opsie is om jou beter helfte te vra om 'n sous te maak met die vloeistof wat in die pan gedrup het en dan die borsstuk daarmee saam te geniet.

EN ...

Hoewel dit in teorie moontlik is, beveel ek nie aan dat jy borsstuk in 'n ketelbraaier gaarmaak nie. Jy moet bewapen wees met 'n keramiek Kamado-tipe man-oond soos my Monolith (www.monolithbraai.co.za). Jy laai hom met houtskool, steek dit aan, reguleer die temperatuur met die luggate en 6 ure later eet jy soos 'n koning!

FRIKKADELLE IN TAMATIESOUS

Vir 'n hele paar jaar na universiteitskoshuis het ek deur 'n fase gegaan – kom ons noem dit 'die donker eeue' – waartydens ek nie frikkadelle wou eet nie. Dit was totdat my vriend Martin, 'n groot man met 'n groot eetlus, my een aand gewys het hoe lekker ordentlike frikkadelle kan smaak. En so het ek begin om 'n frikkadelresep vir die braaivuur te ontwikkel – goeie tye! Hiervoor wil jy graag 'n gietyster-braaipan – *skillet* – in jou arsenaal hê, maar enige ander potjie of vuurvaste pan met 'n plat bodem sal werk. Die resep werk ewe goed met maer beesmaalvleis as met volstruismaalvleis.

WAT JY NODIG HET

(vir 4 gewone mense of 1 Martin)

Vir die frikkadelle:

500 g maer maalvleis

1 koppie witbroodkrummels (koop dit by die supermark of berei jou eie deur 2 snye brood deur 'n voedselverwerker te jaag)

1 klein bossie sprietuie (*spring onions*; fyngekap)

1 sopie vars basiliekruid (fyngekap)

1 sopie vars pietersielie (fyngekap)

1 teelepel sout

½ teelepel swartpeper

½ teelepel gedroogde origanum

1 eier

olyfolie (om in te braai)

Vir die tamatiesous:

4 knoffelhuisies (fyngekap)

2 sopies rooiwyn

2 blikkies tamaties

2 sopies tamatiepasta

2 teelepels suiker

1 teelepel paprika

1 teelepel sout

½ teelepel swartpeper

Bedien met:

ekstra gekapte basiliekruid of pietersielie

parmesan-kaas

500 g pasta
(sien bladsy 20 vir kookinstruksies)

LAAT WAAI!

1. Sit al die bestanddele vir die frikkadelle (behalwe die olyfolie) in 'n groot mengbak en meng dit deeglik met jou (skoon) hande. Rol die vleis in bolletjies omtrent so groot soos 'n gholfbal. Jou mikpunt is 12 frikkadelle. As jy 'n roomyslepel byderhand het, kan jy dit gebruik om eweredige porsies vleis uit te skep voor jy die bolletjies rol.

2. Verhit jou pot of pan oor matige tot warm kole. Gooi die olyolie in die pot en braai die frikkadelle almal op een slag. Jou pot of pan moet groot genoeg wees sodat al die frikkadelle in een laag op die bodem pas. Gebruik jou braaitang of 'n spatel om die frikkadelle een of twee keer om te draai. Werk net asseblief versigtig sodat hulle nie breek nie.

3. Wanneer die frikkadelle bruin is (maar nog nie deurgaar nie), begin jy met die tamatiesous deur die knoffel by hulle in die pan te strooi en vir 'n minuut te braai.

4. Gooi die wyn by en skud die pan om die bruin stukkies op die bodem los te wikkel. Gebruik 'n spatel om die taai stukkies los te krap.

5. Wanneer die wyn amper heeltemal gereduseer is, voeg jy die tamaties, tamatiepasta, suiker, paprika, sout en peper by. Kry die mengsel aan die kook en laat dit prut (sonder 'n deksel as jy 'n pot gebruik) oor matige tot lae hitte vir omtrent 15 tot 20 minute of totdat die frikkadelle gaar is.

6. Haal die pot of pan van die kole af en sprinkel die ekstra gekapte basiliekruid en/of pietersielie bo-op saam met gerasperde of geskaafde parmesan-kaas. Bedien dadelik op 'n bed pasta.

EN ...

Jy kan die frikkadelle ure voor die tyd maak. Maak hulle toe en bêre in die yskas, dan kan jy van stap 2 af aangaan wanneer jou gaste opdaag.

STEAKBROODJIE MET MOSTERD, MAYO EN GEKARAMELLISEERDE UIE

Mense wat my ken, weet ek glo nie die enigste manier om 'n steak te bedien is as 'n groot, intimiderende stuk vleis op 'n bord nie. 'n Gebraaide steak kan ook gesien word as die eerste stap op die pad na 'n verruklike steakbroodjie. Gekaramelliseerde uie is die ander spesiale element van dié broodjie. Hulle het baie in gemeen met gebraaide uie. Albei word van gewone uie gemaak en hulle lyk boonop dieselfde. Moet egter nooit die fout maak om die twee te verwar nie. Gekaramelliseerde uie is baie soeter omdat hul lang kooktyd die suikers langer kans gee om te karamelliseer en die geur langer kans gee om te ontwikkel. Dis 'n goeie plan om die uie vooraf te maak sodat jy daarop kan fokus om die steak perfek te braai.

WAT JY NODIG HET

(vir 6 mense)

Vir die gekaramelliseerde uie:

4 uie (in dun ringe of lang repies gesny, maar nie in blokkies nie)

2 sopies olyfolie

3 sopies bruinsuiker

2 sopies balsamiese asyn

sout en peper (as geurmiddels; die geure is reeds redelik intens, so stadig daarmee)

Vir die broodjie:

1,2 kg steak (kruisskyf of lendestuk. Steak word gewoonlik nie volgens presiese gewig verkoop nie, so koop genoeg om vir jou in totaal so 1,2 kg te gee.)

Sout en peper

12 snye vars brood (gebruik hoë- kwaliteit brood of broodrolletjies, dan proê jou toebroodjies net eenvoudig beter)

botter (om die brood mee te smeer)

1–2 sopies Dijon-mosterd

vars slaaiblare (gewas)

4–6 sopies mayonnaise

Maak die gekaramelliseerde uie:

1. Verhit die olie in 'n pot of pan oor medium hitte (nie te warm nie) en voeg dan die uie by. Braai die uie tot hulle sag en bruin is en hul natuurlike suikers begin karamelliseer. Dit sal omtrent 20 minute neem – wees geduldig!

2. Voeg nou die bruinsuiker en asyn by terwyl jy aanhoudend roer. Kook vir nog 5 tot 10 minute en roer dikwels, tot die vloeistof afgekook het en stroperig word. Sit 'n bietjie sout en peper by, roer goed en verwyder van die hitte. Maak die uie toe en sit hulle op 'n plek waar vlieë hulle nie kan aanval nie. Jy kan die uie gaarmaak voor jou gaste arriveer. Gekaramelliseerde uie hou 'n paar dae lank goed in die yskas.

Sit die broodjie aanmekaar:

1. Braai die steaks oor baie warm kole vir 7 tot 8 minute tot medium-rou. Die vleis moet goed gegeur word met sout en peper. Jy kan dit voor, tydens of na die braaiery doen, nes jy glo die beste is. Soos jy seker kon raai, dink ek nie dit maak saak wanneer jy steaks geur nie – dit sal weinig verskil aan die eindresultaat maak.

2. Laat die steaks rus voor jy aan hulle begin kerf, ten minste vir 5 minute, maar 'n paar ure sal ook werk – dis totaal aanvaarbaar om koue steak op die broodjies te sit. Om die steaks reg te sny, sit jy hulle plat neer op 'n snyplank en sny hulle skuins, teen 'n hoek van 45°. Die hoek van 45° stel jou in staat om 'n ekstra keer deur die vleisvesels te sny, wat die vleis nog sagter sal maak. As jy sukkel om die vleis in dun skyfies te sny moet jy jou mes skerpmaak of 'n nuwe een aanskaf.

3. Botter elke sny brood aan een kant. Sit hulle op die rooster met die gebotterde kant na onder en rooster tot goudbruin. Doen dit nadat jy die steaks gebraai het en terwyl hulle rus. Die kole kan moontlik nog redelik aan die warm kant wees, so wees versigtig om nie die brood te brand nie. Dit kan help om die rooster hoër te stel.

4. Sit die broodjies aanmekaar: Smeer helfte van die snye met mosterd en sit 'n paar slaaiblare bo-op. Verdeel die repies steak mooi eweredig tussen hulle en sit die gekaramelliseerde uie bo-op. Smeer mayonnaise op die boonste binnekant van die oorblywende snye brood en maak die broodjies toe. Soos met al die resepte in dié boek verskyn daar 'n nuttige volbladfoto reg langs die resep om jou in die regte rigting te lei.

BEES-GHOELASJ

Bees-ghoelasj is Hongarye se nasionale dis – 'n land met 'n naam wat in Engels baie klink soos ek voel wanneer ek ook al aan ghoelasj dink. Paprika is die kenmerkende geur van die dis, so maak seker jy voeg dit by. Jy bedien ghoelasj tradisioneel op pasta en voeg 'n bietjie suurroom by om dit af te rond. Dit is 'n ryk, warm ete en 'n potjie is ideaal daarvoor, dalk in die winter, in 'n berghut, voor die vuur, terwyl jy rooiwyn drink, byvoorbeeld.

WAT JY NODIG HET

(vir 6 mense)

1 sopie olyfolie

2 uie (fyngekap)

2 huisies knoffel (fyngekap)

1,5 kg ontbeende beesskenkel (in blokkies gesny; slaghuise en supermarkte verkoop dikwels *goulash meat* of ontbeende beesvleis vir bredies – albei is in die geval ideaal)

2 sopies paprika

1 teelepel brandrissiepoeier (opsioneel)

1 groot aartappel (in klein blokkies gesny)

2 soetrissies (groen, geel of rooi, opgekap)

2 tamaties (opgekap)

1 sopie tamatiepasta

1 koppie beesaftreksel

1 teelepel sout

1 teelepel swartpeper

500 g pasta (om mee te bedien; gekook volgens die aanwysings op die pakkie of sien bladsy 20)

suurroom (om mee te bedien; 'n 250 ml-houertjie is meer as genoeg)

LAAT WAAI!

1. Verhit die olie in 'n potjie, braai die uie vir omtrent 4 minute totdat hulle begin sag word en gooi dan die knoffel by. Uie neem langer om sag te word as knoffel, so braai altyd eers die uie, dan die knoffel. Dit is algemene raad en geld nie net vir dié resep nie.

2. Voeg die beesvleisblokkies, paprika en (as jy wil) 'n knypie brandrissiepoeier by. Braai totdat die vleis begin bruin raak. As jy die brandrissiepoeier byvoeg, sal die kos 'n bietjie skop hê; as jy dit nie byvoeg nie, gaan hy minder skop hê. As jy lus is vir 'n matige skoppie, gooi net 'n knypie by.

3. Voeg die aartappelblokkies, soetrissies, tamaties, tamatiepasta en beesaftreksel by en roer om alles te meng. Kry die pot aan die kook en laat dit vir omtrent 2 ure lank prut oor lae hitte met die deksel op. Roer die potjie elke 30 minute en maak seker die vleis droog nie uit nie – die hitte moet net sterk genoeg wees om die pot rustig aan die prut te hou. Jy wil hê die sous moet verdik, maar jy wil nie hê die gereg moet aanbrand nie. Teoreties kan jy opskep sodra die aartappels sag genoeg is om te eet. Die langsame en rustige geprut is net om die gereg 'n ryker geur te gee.

4. Na 2 ure haal jy die deksel af en voeg sout en peper by na smaak. Onthou dat jy altyd later sout kan bygooi, maar dit nooit kan uithaal as dit eers in is nie – so, vat dit rustig.

5. Haal die potjie van die vuur af en laat hom vir 'n paar minute staan. Bedien met varsgekookte pasta en 'n leksel suurroom.

EN ...

As jy iets soos vars pietersielie in die tuin het, garneer daarmee.

MAS

BOBOTIE

Bobotie is 'n Suid-Afrikaanse gunsteling en 'n belangrike deel van ons kookkunserfenis. Dit is ook een van my gunsteling-maaltye, maar in dié opsig is ek die reël eerder as die uitsondering. Net soos al die ander Suid-Afrikaanse treffers kan jy bobotie op 'n braaivuur gaarmaak. Ek glo dit is ons morele plig om die bobotiekuns te vervolmaak. Dis 'n lekker manier om uit te haal en te wys wanneer jy gaste uit die buiteland het.

WAT JY NODIG HET

(vir 6 mense)

1 sopie olie

3 uie (fyngekap)

3 huisies knoffel (fyngekap)

2 sopies kerriepoeier (medium-sterkte)

½ sopie borrie

1 kg beesmaalvleis

½ sopie sout

1 teelepel swartpeper

½ koppie appelkooskonfyt

½ koppie rosyne

½ koppie amandelvlokkies

1 sopie asyn (of suurlemoensap)

5 lourierblare

3 eiers

1 koppie melk

rys (om mee te bedien)

blatjang (om mee te bedien)

LAAT WAAI!

1. Verhit die olie in 'n potjie op 'n medium-warm vuur en braai die uie en knoffel totdat die uie sag is, maar nie bruin nie.

2. Voeg die kerriepoeier en borrie by en braai vir 'n minuut. Die potjie se bodem sal nogal droog lyk, so pasop dat die mengsel nie aanbrand nie en gaan betyds aan met die volgende stap.

3. Gooi die maalvleis in en braai vir omtrent 10 minute, roer en breek enige klonte op met 'n houtlepel. Die maalvleis moet van rooi na bruin verkleur, maar moenie brand nie. Die vleis behoort op 'n stadium bietjie sap af te skei. Gebruik dié vloeistof en jou lepel om enige stukkies wat onderin die pot begin 'haak', los te wikkel.

4. Gooi nou die sout, peper, appelkooskonfyt, rosyne, amandelvlokkies en asyn by. Roer alles deeglik deurmekaar. Sit die deksel op en laat dit vir so 15 minute prut. Roer nou en dan om seker te maak die storie brand nie aan nie.

5. Haal die potjie se deksel af en druk die inhoud so effens plat en gelyk met jou lepel. Klits die eiers en die melk saam in 'n klein mengbak en gooi dan oor die bobotie. Steek die lourierblare in die eiermengsel. Sit die potjie se deksel weer op en laai 'n laag warm kole bo-op die deksel, nie onder die potjie nie. Bak die bobotie so vir 30 minute en dan is hy gereed.

6. Bedien met rys (sien bladsy 182) en blatjang.

EN ...

Party mense hou ook van gesnyde piesang, klapper of gekapte tamaties saam met hul bobotie. Bedien watter sambals jy ook al verkies.

HOENDER

IN VERGELYKING MET 'N HEEL SKAAP, BEES OF VARK IS DIE BRAAI VAN 'N HEEL HOENDER BAIE EENVOUDIG. DIT BEHOORT DUS GLAD NIE INTIMIDEREND TE WEES OM STUKKE VAN DIE GEHEEL TE BRAAI NIE.

POTBRAAIHOENDER

Vir hierdie weergawe van braaihoender stap ons die dekadente ekstra myl. Jy braai die hoender nie sommer op 'n rooster of bak dit in jou man-oond nie; jy rooster dit in jou potjie. Ons praat van 'n heel hoender in 'n potjie met 'n klomp knoffel en witwyn, room en kruie. Wanneer jy klaar is, kan jy dalk lus wees om 'n oorwinningsdansie te doen. Moenie. Dis vir rugbyspelers nadat hulle drieë gedruk het, en hulle bloos gewoonlik 'n paar jaar later by die gedagte daaraan.

WAT JY NODIG HET

(vir 4 mense)

1 sopie olyfolie

1 ui (fyngekap)

1 pakkie gerookte streepspek (omtrent 200–250 g, fyngekap)

'n halwe bol knoffel (skil die huisies maar los hulle heel)

1 wortel (geskil en fyngekap)

1 selderystokkie (fyngekap)

3 takkies vars tiemie

1 middelslag heel hoender

1 sopie brandewyn

1 koppie droë witwyn

1 teelepel sout

½ teelepel swartpeper

½ koppie room (125 ml)

kapokaartappels of gekookte wit rys (om mee te bedien)

1 sopie vars pietersielie (gekap, as garnering)

LAAT WAAI!

1. Verhit die olie in jou potjie ('n klassieke-vorm nommer 3-pot is perfek) oor 'n warm vuur en voeg dan die ui, spek, knoffel, wortel en seldery by. Braai vir omtrent 5 tot 10 minute tot dit begin verbruin.

2. Voeg die tiemie en die hoender by en braai vir nog 5 tot 10 minute. Kry die hoender effens bruin aan albei kante. Hier en daar moet die knoffel en spek ook begin bruin word onder in die potjie.

3. Gooi nou die brandewyn by en krap die bodem van die potjie met 'n houtlepel om enige donker stukkies los te wikkel. Daardie taai stukkies is geurig, maar jy moet hulle loskrap om die geur vry te laat. Laat die brandewyn vir 'n paar minute kook totdat dit weggeborrel het en voeg dan die witwyn, sout en peper by. Sit die deksel op en laat dit prut (met die hoender se borskant na onder) oor lae hitte (kole, nie vlamme nie) vir 1½ uur. Draai die hoender dat sy borskant boontoe wys vir die laaste 15 minute van die kooktyd.

4. Gooi nou die room oor en kry die potjie weer aan die prut. Laat prut sonder die deksel vir nog 15 minute, haal dan van die hitte af en laat die gereg vir so 10 minute rus voordat jy opskep.

5. Bedien op kapokaartappels of wit rys gegarneer met die fyngekapte pietersielie.

EN ...

As jy dit met heel takkies tiemie bedien, soos in die foto, onthou om hulle eenkant toe te skuif voordat jy die hoender eet. Jy sal nie heel takkies tiemie kan eet nie hulle is veels te hard om op te kou.

BASILIEPESTO-PASTA MET GEBRAAIDE HOENDER EN SAMPIOENE

Vars, tuisgemaakte basiliepesto smaak wonderlik en jy kan dit op toebroodjies, in slaaie en in pasta gebruik. Dit is eenvoudig om te maak en jy hoef nie die bestanddele doodakkuraat af te meet nie. As jy meer van 'n sekere bestanddeel gebruik, sal die gereg net sterker na daardie bestanddeel smaak. Om hoenderborsies en sampioene te braai is ook baie maklik, so jy kan nogal 'n deftige ete aanmekaarslaan deur net sistematies deur 'n klompie maklike stappe te werk.

WAT JY NODIG HET

(vir 4 mense)

Vir die basiliepesto:

2 bakkies vars basilie (omtrent 40 g)

2 huisies knoffel

1 sopie dennepitte (rooster hulle in 'n droë pan, as jy dit nie kan vind nie, gebruik fyngekapte kasjoeneute)

2 sopies parmesan-kaas (fyn gerasper)

3 sopies olyfolie

1 teelepel sout

½ teelepel swartpeper

Vir die res:

500 g pasta van jou keuse

4 hoenderborsies

250 g heel sampioene

olyfolie (om mee te bedien)

LAAT WAAI!

Maak die pesto:

1. Voeg al die bestanddele bymekaar en gebruik 'n voedselverwerker of staafmenger om dit tot 'n dik, oneweredige pasta te verwerk. As jy (soos ek) van olyfolie hou, gebruik meer daarvan as jy wil.

2. Proe en voeg 'n bietjie sout en peper by na smaak. Presies hoeveel sout en peper sal afhang van die kaas, olie en basilie wat jy gebruik.

3. Jy kan ook 'n stamper en vysel gebruik om die bestanddele tot 'n pasta te boelie. As jy dié metode gebruik, moet jy die basilie en knoffel vooraf fynkap. Gebruik ook growwe soutkorrels eerder as gewone tafelsout om die maalproses effens te vergemaklik.

Braai die hoender en sampioene:

1. Sit die hoenderfilette plat op 'n snyplank en tik die dik kant liggies met 'n vleishamer of ander gepaste voorwerp. Jy wil hê die hele filet moet oral omtrent ewe dik wees omdat die vleis dan makliker is om te braai, en sagter sal wees om te hap.

2. Bestrooi elke filet met sout en peper en bedruip liggies met olyfolie. Jy kan ook eenvoudig 'n bietjie olie saam met die filette in die bak sit en hulle dan in die olie rondrol tot almal mooi bedek is.

3. Braai die vleis vir omtrent 6 tot 10 minute op warm kole tot gaar.

4. Verf die sampioene liggies met olyfolie, ryg hulle op 'n sosatiepen en braai saam met die hoender. Jy kan hulle ook in 'n braaipan met gate in braai. Dit sal so 6 tot 10 minute neem om die sampioene te braai.

Slaan die pasta aanmekaar:

1. Kook die pasta volgens die aanwysings op die pakkie – normaalweg vir so 8 minute in 'n pot soutwater. Haal die pasta uit die pot, gooi die water af en meng die pesto by. Gewoonlik bedruip ek die mengsel met nog 'n bietjie olyfolie.

2. Sny die hoender in repies en voeg dit saam met die sampioene by die nou groen pasta. Rond die kunswerk af deur dit met jou beste Suid-Afrikaanse olyfolie te bedruip.

HOENDER MET JAMAIKA *JERK*-MARINADE

Die bitsige Jamaika-braaimarinade of -spesery bekend as *jerk* het twee sleutelbestanddele: *Scotch bonnet chillies* (een van die met die meeste skop ter wêreld) en wonderpeper (ook genoem Jamaika-peper of pimento). As jy nie *Scotch bonnet chillies* in die hande kan kry nie, gebruik habaneros of enige ander wapen waarmee jy netso lekker kan losbrand. Jy maak *jerk*-hoender of *jerk*-vark oor die kole van 'n rokerige houtvuur gaar – 'n gewoonte waarmee ons Suid-Afrikaners natuurlik heel gemaklik is.

As jy of iemand in jou gesin weet hoe om 'n voedselverwerker te gebruik, verwerk sommer al die bestanddele saam. Anders kan jy maar fynkap soos hieronder verduidelik.

WAT JY NODIG HET

(vir 4 mense)

omtrent 1,3 kg hoenderstukke (of varktjops)

2 sopies plantolie

2 sopies vars lemmetjiesap (of suurlemoensap)

2 sopies donker rum

3 *Scotch bonnet chillies* (of habaneros, stingels uitgehaal en fyngekap)

4 sprietuie (spring onions, fyngekap)

1 sopie vars knoffel (fyngekap)

1 sopie vars gemmer (gerasper)

1 sopie vars tiemie (fyngekap)

½ sopie gemaalde wonderpeper

1 sopie donkerbruinsuiker

1 teelepel sout

1 teelepel swartpeper

LAAT WAAI!

1. Sit al die bestanddele (behalwe die vleis) in 'n marineerbak en meng deeglik.

2. Voeg die vleis by en vryf dit met die marinade. Maak seker al die stukke is ordentlik bedek. Maak die bak toe en sit dit vir 'n paar ure in die yskas.

3. Haal die vleis uit die marinade en braai oor medium-warm kole tot dit reg is. Varktjops sal 10 tot 15 minute neem oor medium-warm kole. Vir hoender moet jy die rooster effens hoër stel. Hoender neem tussen 20 en 25 minute. Die marinade wat ons gebruik laat die vleis nogal donker raak al brand jy dit nie, so moenie skrik nie. Braai nogtans versigtig, want daar is 'n risiko dat die marinade kan brand.

EN ...

Soos met enige brandrissie moet jy versigtig met 'n Skotse *bonnet* of 'n habanero te werk gaan. Wees gewaarsku: Hulle is uiters vurig. Dis nie 'n skande om latex-handskoene aan te trek wanneer jy hierdie resep aanpak nie. As jy nie handskoene het nie, moet jy jou hande deeglik was voor jy aan jou oë of ander sensitiewe liggaamsdele raak.

JAN BRAAI SE HOENDERPASTEI

Hoenderpastei is deel van Suid-Afrika se kookkunserfenis en is, saam met bobotie (sien bladsy 54), die perfekte manier om ons heerlike kos met besoekers te deel. Vir my hoenderpastei maak jy die vulsel in 'n potjie gaar en braai die deeg in 'n rooster op die kole. Dis nogal 'n spesiale gereg.

WAT JY NODIG HET

(vir 4 tot 6 mense)

1,5 kg heel hoender (effens kleiner vir 4 mense, effens groter vir 6 mense)

1 sopie olyfolie

2 teelepels sout

1 teelepel swartpeper

1 groot ui (fyngekap)

3 huisies knoffel (fyngekap)

2 takkies vars tiemie (net die blare, fyngekap)

1 koppie hoenderaftreksel

½ koppie sjerrie (of witwyn)

1 lourierblaar

3 heel naeltjies

1 heel kaneelstokkie

1 groot aartappel (in klein blokkies van so 1 × 1 cm gesny)

250 g knopiesampioene (in die helfte gesny)

½ koppie vars room (½ van 'n 250 ml-houertjie)

1 pakkie skilferkorsdeeg (400 g, ontdooi)

LAAT WAAI!

1. Laat die skilferkorsdeeg deeglik ontdooi as dit bevrore is. Dit kan nou lê en rus tot hier by stap 7 tot 9 rond (lees die hele resep dan sal jy verstaan).

2. Sny die hoender in 6 porsies met 'n groot, skerp kombuismes. Verwyder en raak ontslae van al die vel wat jy maklik kan afkry. Jy mag maar die boudjie se vel aan los, want dis nie die moeite werd om dit af te haal nie. Maak seker jy sny die driehoekige stukkie vet af wat die gewese stert van die gewese hoender was.

3. Verhit die olie in 'n potjie op 'n warm vuur en braai die hoenderporsies vir 10 minute tot goudbruin. Gooi nou die sout en peper by.

4. Voeg die ui, knoffel en tiemie by en braai vir nog 5 minute tot die ui begin sag word.

5. Nou is dit die aftreksel, sjerrie/wyn, lourierblaar, naeltjies en kaneelstokkie se beurt om pot toe te gaan. Wanneer die potjie begin prut, sit jy die deksel op en laat dit vir 'n uur op 'n paar kole prut tot die hoender gaar is.

6. Voeg die aartappel en sampioene by, roer liggies en laat prut vir nog 30 minute.

7. Haal nou die hoenderstukke uit die pot en gooi die kaneelstokkie weg. Gee die hoender 15 minute om af te koel voordat jy dit ontbeen, anders gaan jou vingers nie gelukkig wees nie. Terwyl die hoender afkoel, fokus jou aandag op die vloeistof in die pot (wat waarskynlik te waterig gaan wees). Kry die pot aan die kook sonder sy deksel en kook die vloeistof tot dit 'n bietjie dikker is. Jy kan 'n bietjie vuurmaak onder die potjie (letterlik) deur nog 'n paar kole onder hom in te skuif. Volgende keer wat jy hierdie ongelooflike pastei maak, sal jy weet wat ek bedoel.

8. Wanneer die hoenderstukke koel genoeg is om te hanteer, haal jy al die vleis van die bene af. Raak ontslae van die vel en been. Skeur die groot stukke vleis kleiner, sommer met die hand. Sit die vleis terug in die pruttende pot, gooi die room by en roer deeglik. Proe voor jy sout en peper bysit. Dis dalk nie nodig nie.

9. Wanneer die vulsel in die pot amper reg is (na omtrent 1 uur se prut, hier by stap 7 rond, terwyl die hoender afkoel), rol jy die skilferkorsdeeg oop. Nou het jy twee keuses: Sny die deeg óf in die vorm van die bakkies waarin jy die pastei gaan bedien, óf in vierkante wat jy bo-op die vulsel in borde of bakkies gaan sit. Braai die deegvormpies in 'n geoliede toeklaprooster vir omtrent 20 minute oor baie matige kole. Draai die rooster gereeld en versigtig om totdat die deeg goudbruin en bros is. Moenie te vinnig braai nie, want dan is daar 'n goeie kans dat jy die kors sal verbrand. Jy kan stap 9 op dieselfde tyd as stap 7 doen of jou braai-assistent vra om jou te help.

10. Bedien die pastei deur die vulsel in bakkies of borde op te dis en dan die gebraaide stukke kors bo-op te sit.

KREOOLSE KERRIEHOENDER

Op vakansie in Mauritius 'n paar jaar gelede het ek en my swaer die toeristewippe vermy en eerder na plekke gegaan waar die plaaslike inwoners egte, tradisionele Mauritius-kerrie, genaamd *cari poule*, eet. Mauritiaanse kerriepoeier is nie algemeen verkrygbaar in Suid-Afrika nie, maar jy kan dit met enige matige kerriepoeier vervang en dan net vinkel en kardemom byvoeg. Onthou, jy moet die hoender vooraf vir 'n paar ure, of selfs oornag, marineer.

WAT JY NODIG HET

(vir 6 mense)

Vir die marinade:

4 huisies knoffel (fyngekap)

1 sopie vars gemmer (gerasper)

1 sopie vars tiemieblare (fyngekap)

1 sopie vars pietersielie (stingels ingesluit, fyngekap)

2 sopies medium kerriepoeier

½ sopie gemaalde vinkel

4 kardemompeule

2 lourierblare

2 sopies plantolie

½ koppie water

Vir die res van die kerrie:

2 kg hoenderstukke (met bene, maar verwyder van die hoenderstukke se vel anders gaan die gereg baie vetterig wees)

1 sopie plantolie

2 uie (opgekap)

2 blikkies opgekapte tamaties

2 teelepels sout

1 teelepel swartpeper

vars koljanderblare (om mee te bedien)

LAAT WAAI!

1. Gooi al die marinadebestanddele in 'n marineerbak. Voeg die rou hoenderstukke by en roer om al die vleis met marinade te bedek. Maak die bak toe en laat dit vir 'n paar ure, maar verkieslik oornag, in die yskas marineer.

2. Verhit die olie in 'n potjie en braai die uie tot sag.

3. Haal die hoenderstukke uit die marinade en sit hulle by die uie in die potjie. Braai totdat die hoender begin goud verkleur (moet nog nie die marinade wat in die bak oorgebly het, bygooi nie). Jy hoef die hoender nie nou al heeltemal gaar te maak nie; jy wil hom eers net kleur gee.

4. Voeg nou die res van die marinade by en laat die potjie prut op lae hitte vir so 10 minute.

5. Voeg nou die gekapte tamaties, sout en peper by. Kry dit aan die kook en laat dit vir 1 uur prut totdat die hoender sag is en van die bene sal afval as jy rof daarmee sou werk. Maar werk versigtig, anders val die vleis regtig van die bene af. Haal nou die deksel van die potjie af en laat hom verder kook totdat jy voel die sous is dik genoeg.

6. Haal die potjie van die vuur af en bedien met wit rys en vars koljanderblare. Jy kan die koljander fynkap of net die blare van die stingels afhaal. Dis jou keuse.

EN ...

Uit my ervaring gaan jy dié kerrie die meeste geniet met 'n see-uitsig en 'n witrum en coke langs jou. Rond dit af met 'n middagslapie onder 'n boom.

HOENDERBURGER MET CAMEMBERT, VYE EN SPEK

Dié burger is sappig, romerig, soet en souterig. Die kombinasie is 'n droomspan en een van die inspirasies vir hierdie boek. Ek was by die huis aan die braai, en al was dit nie 'n weerlig-oomblik nie, het dit my laat dink dat braai oor meer as tjops en wors gaan. Kom ons maak braai bietjie spoggerig (lig hom uit die as uit). Jy kan interessante, smaaklike geregte op 'n houtvuur se kole voorberei – en hulle kan boonop deftig lyk.

WAT JY NODIG HET

(vir 4 burgers)

4 hamburger-broodrolletjies

4 hoenderfilette

sout en swartpeper
(om mee te geur)

1 sopie olyfolie

1 wiel camembert-kaas
(in skywe gesny)

omtrent 8 stukke streepspek
(*streaky bacon*)

botter
(om die rolletjies mee te smeer)

'n pakkie roketblare
(of bronkors)

4 ryp vye
(in skywe gesny; 4 ingelegde groenvye werk netso goed)

LAAT WAAI!

1. Sit elke hoenderfilet plat op 'n snyplank en tik die dik kant liggies met 'n vleishamer, wynbottel, koekroller, kant van 'n vleisbyl of enige ander item wat swaar en groot genoeg is. Jy wil hê die hele filet moet oral omtrent ewe dik wees omdat die vleis dan makliker is om te braai, beter sal lyk op jou burger en sagter sal wees om te hap.

2. Strooi sout en peper of jou gunsteling-braaisout oor elke filet en bedruip liggies met olyfolie. Jy kan laasgenoemde doen óf deur elke filet met olie te verf, óf deur eenvoudig 'n bietjie olie saam met die filette in 'n bak te gooi en die spulletjie rond te wikkel tot al die vleis 'n olielagie om het.

3. Braai die vleis vir omtrent 6 tot 10 minute op warm kole tot gaar. Die lekker ding van hoenderfilette braai is dat jy sommer kan sien hoe die vleis se kleur van rou tot reg verander. Wanneer die filette na jou mening omtrent reg is en jy hulle 'n laaste keer omgedraai het, pak jy die skywe camembert op die hoenderfilette. Jy wil hê die hitte van die vleis en die kole moet die kaas effens laat smelt. Nou kan jy nie meer die filette omdraai nie want dan sal die kaas in die kole beland. Haal die filette van die kole af sodra hulle reg is.

4. Die spek moet lekker bros wees. Die maklikste en smaaklikste manier om dit so te kry is op die rooster oor die kole. Pak die spekrepe versigtig op die rooster en draai hulle net een keer om. As daar plek op jou rooster is, doen dit sommer saam met die hoender. Haal die spek van die kole af wanneer dit reg is.

5. Sny die broodrolletjies oop, botter hulle en pak hulle dan met die gebotterde binnekante op die rooster. Die idee is om die binnekant effens te rooster. Pasop dat jy dit nie oordoen nie en die broodrolletjies verbrand. Haal die broodjies van die kole af sodra hulle reg is.

6. Bou die burger so: Begin met die onderste helfte van die geroosterde broodrolletjie, pak 'n paar roketblare daarop. Volgende is die hoenderfilet (met sy kaasdak op), dan die spek en laastens die gesnyde vye. Bedek dit als met die boonste helfte van die broodrolletjie.

EN ...

Jy kan die hoender, spek en broodrolletjies saam braai, maar nie ewe lank nie. Jy mik daarna om al die bestanddele op dieselfde tydstip van die rooster af te haal. Terwyl jy braai is jou twee grootste gevare dat die spek deur die rooster op die kole val of dat die broodrolletjies brand. As jy die gereg op groot skaal vir 'n partytjie maak, stel ek voor dat jy 'n braai-assistent of twee nader trek om 'n handjie by te sit.

THAI-GROENKERRIE MET HOENDER

'n Basiese Thai-kerriesous is nogal nuttig, baie soos jou gunsteling-braaitang. Die belangrikste bestanddeel is die groen kerriepasta en dis beskikbaar by die meeste supermarkte. Nie alle kerriepastas is ewe sterk nie. As van jou vriende of familie sensitief is vir 'n bietjie brandrissie in hul kos, voeg eerder te min as te veel by wanneer jy 'n nuwe kerriepasta gebruik, dis nou totdat jy getoets het hoe hard hy blaf en hoe hard hy byt.

WAT JY NODIG HET

(vir 4 mense)

1 sopie plantolie

1–2 sopies groen kerriepasta

3 knoffelhuisies (fyngekap)

gemmer (in volume net soveel soos die knoffel, gerasper)

1 of meer groen brandrissies (fyngekap, opsioneel)

1 blikkie klappermelk (400 ml)

4 hoenderborsies (in repies gesny)

½ sopie suurlemoensap (of lemmetjiesap)

sout na smaak

½ koppie vars koljanderblare (opgekap)

basmati- of jasmynrys (om saam met die kerrie te bedien, sien bladsy 182 oor hoe om dit te kook)

LAAT WAAI!

1. Verhit die olie in 'n potjie op 'n matige vuur. Voeg die kerriepasta, knoffel en gemmer by en braai vir omtrent 1 minuut totdat jy kan ruik hoe lekker dit gaan smaak. Hou dop dat dit nie brand nie, dit gebeur nogal gou. As jy weet jou gaste is brandbestand is dit nou die tyd om een of meer fyngekapte groen brandrissies by te gooi. Ek is nie die tipe mens wat die pitte uit brandrissies krap nie, ek gooi hulle in die kos. Die punt van brandrissies is immers om die gereg aan te vuur. As jy egter die tipe mens is wat kafeïenvrye koffie met vetvrye melk drink, is jy welkom om die pitte uit te krap.

2. Voeg nou die klappermelk by en verhit. As enigiets tydens stap 1 teen die pot se bodem begin vassit, gebruik jou lepel om dit los te wikkel en by die res van die sous in te roer.

3. Voeg die gesnyde hoenderborsies by en kook hulle in die sous vir omtrent 10 minute. Jy wil 'n matige geborrel in die pot hê, so dis meer as prut, maar minder as die chaos in 'n ketel wat kook. As die hoender dun gesny is, behoort dit nou gaar te wees. As dit dikker repe is, kook vir nog 'n paar minute. Ek dink die maklikste manier om te kyk of die hoender mooi gaar is, is om een van die grootste stukke te vat en hom oop te breek.

4. Voeg die suurlemoensap by en roer deeglik. Proe en voeg sout by na smaak.

5. Haal die potjie van die kole af en roer die gekapte koljanderblare by. Sit die dis voor met warm basmati- of jasmynrys en garneer met 'n paar ekstra koljanderblare.

EN ...

Al het ek hoender gebruik, sal jy, sodra jy die dis baasgeraak het, besef dat dit net so goed sal werk met bees, vis, garnale of selfs wildsvleis.

M A S

PERI-PERI-HOENDERLEWERTJIES

Saam met geroosterde brood om die sous mee op te vee, kan peri-peri-hoenderlewertjies op hul eie 'n ontbyt, middagete of aandete wees. Jy kan hulle ook saam met rys voorsit as 'n voorhappie by 'n groter braai-ete. Dié resep vir peri-peri-sous kan ook saam met garnale, steak, vis of hoender gebruik word.

WAT JY NODIG HET

(vir 4 mense as voorhappie of ligte maaltyd)

Vir die lewertjies:

1 sopie olie

1 sopie botter

1 ui (fyngekap)

500 g hoenderlewertjies (heeltemal ontdooi, deeglik afgespoel en skoongemaak)

1 sopie brandewyn

peri-peri-sous (sien onder)

½ koppie room

1 sopie pietersielie (fyngekap)

Vir die peri-peri-sous:

1 sopie olie

1 sopie asyn

1 sopie suurlemoensap

1 sopie water

1 teelepel paprikapoeier

1 teelepel brandrissiepoeier

1 teelepel sout

2 huisies knoffel (fyngekap)

1 rooi brandrissie (fyngekap)

LAAT WAAI!

Maak die peri-peri-sous:

Sit al die sousbestanddele in 'n bak en meng deeglik. Jy gaan al die sous vir jou peri-peri-hoenderlewertjies gebruik. As hulle nie genoeg skop het nie, kan jy nog brandrissiepoeier of gekapte brandrissies byvoeg.

Berei die lewertjies:

1. Verhit die olie en botter in 'n vuurvaste pan of potjie.

2. Voeg die gekapte ui by en braai tot sag. Dit neem so 4 minute.

3. Voeg die hoenderlewertjies by en braai oor sterk hitte vir omtrent 5 tot 7 minute totdat hulle alkante begin bruin word.

4. Voeg die brandewyn by en braai vir nog 'n minuut of twee.

5. Voeg die peri-peri-sous by en kook vir 'n paar minute terwyl jy die potjie elke nou en dan roer. Die sous is reg as hy begin reduseer en taaierig raak.

6. Voeg nou die room by, roer, en verhit die mengsel totdat hy net-net begin borrel. Haal van die kole af en sprinkel die gekapte pietersielie oor. Skep sommer netso uit die pot op. Geniet verkieslik saam met brood wat jy op die kole gerooster het.

EN ...

Jy kan hoenderlewertjies by enige supermark koop, gewoonlik bevrore, maar soms vars. Kyk op die etiket en, as jy kan, gaan vir lewertjies wat *cleaned and trimmed* is. As hulle bevrore is, ontdooi hulle eers heeltemal voor jy dié resep aanpak. Indien nodig, moet jy al die senings uitsny. Laastens moet jy die lewertjies deeglik afspoel en dreineer.

YELLOW

HOENDER-MAYO BRAAIBROODJIES

Twee van my gunsteling-etes (en dis seker die geval vir heelwat ander mense ook) is geroosterde hoender-mayo toebroodjies en die tradisionele braaibroodjie. Hier kombineer ek die twee konsepte om iets fenomenaal op te dis: 'n braaibroodjie met 'n hoender-mayo vulsel. As dit by mayonnaise kom, verkies ek dit in die Franse styl, wat gewoonlik 'n blou kleurskema op die etiket het. Die ander tipe is *tangy*, met 'n groen etiket. In die lewe het mens gelukkig keuses, so probeer hulle self. Hierdie resep het ontstaan toe ek eendag besluit het om oorskiet-gebraaide hoender op dié manier aan te wend, maar in die regte lewe gaan jy waarskynlik nou en dan sommer rotisserie-hoender koop om so 'n feesmaal te kan geniet.

WAT JY NODIG HET

(vir 6 braaibroodjies)

1 groot gaar hoender (gebraai of rotisserie)

¾ koppie mayonnaise

½ ui (fyngekap)

3 middelslag agurkies (fyngekap)

1 sopie blatjang

1 sopie mosterd (nie te warm nie)

1 sopie pietersielie (fyngekap)

½ sopie melk

1 teelepel sout

½ teelepel swartpeper

12 snye witbrood

botter (om die brood mee te smeer)

LAAT WAAI!

1. Haal al die hoendervleis van die bene af, sommer so met jou skoon hande. Dis morsig, maar darem nie moeilik nie. Raak ontslae van die vel en die bene.

2. Sny of skeur die ontbeende hoender in kleiner stukkies.

3. Vat 'n groot mengbak en meng al die bestanddele – behalwe die brood en botter – met die hoenderstukkies.

4. Botter elke sny brood aan een kant. Pak die helfte van die snye, met die botterkant ondertoe, op 'n skoon oppervlak. Verdeel dan die hoender-mayo vulsel eweredig tussen die snye brood en smeer mooi gelyk. Sit nou die oorblywende snye bo-op met die gebotterde kant boontoe. Nou het jy 'n toebroodjie met die botter aan die buitekant.

5. Braai die toebroodjies in 'n toeklaprooster oor matige hitte en met die rooster redelik hoog gestel. Draai gereeld om. Die hoender is klaar gaar, so die enigste gevaar is dat die brood kan brand. Die feesmaal is gereed wanneer die braaibroodjies goudbruin en bros aan die buitekant is.

EN ...

As jy die ete nog deftiger wil maak, om dit byvoorbeeld as die hoofgereg op jou troudag te bedien, kan jy tydens stap 4 stukkies gebraaide spek en 'n paar skywe kaas by elke toebroodjie inwerk.

TANDOORI-HOENDER

Tradisionele Noord-Indiese tandoori-hoender word op groot sosatiepenne geryg en in 'n tandoor gebak ('n klei-oond met 'n vuur in). Die sap wat uit die vleis op die kole drup gee die hoender nog meer geur, nogal soos 'n braaivleisvuur. Hoenderstukkies sonder vel werk die beste vir dié gereg, want die marinade kan beter by die vleis intrek as die vel uit die pad is. 'n Paar druppels rooi voedselkleursel maak min verskil aan die geur, maar gee die vleis daardie helder kleur van regte, egte tandoori-hoender.

WAT JY NODIG HET

(vir 4 tot 6 mense)

1,5 kg hoenderstukke
(bv. dye en boudjies)

4 knoffelhuisies (fyngekap)

vars gemmer (gerasper, in volume gelyk aan die knoffel)

1 teelepel gemaalde komyn

1 teelepel gemaalde koljander

1 sopie masala

½ teelepel rooipeper

1 teelepel sout

½ teelepel swartpeper

½ sopie plantolie

½ sopie suurlemoensap

1 koppie gewone jogurt

2 druppels rooi voelselkleursel

LAAT WAAI!

1. Haal die hoender se vel af en gooi weg.

2. Gooi al die bestanddele behalwe die hoender in 'n groot bak en meng deeglik. Jy sal agterkom dat die marinade 'n pienk skynsel het, dit is normaal. Voeg nou die hoender by en maak seker dat al die stukkies ordentlik met marinade bedek is. Jy kan jou skoon hande gebruik om die vleis behoorlik met marinade te smeer.

3. Bedek die bak en laat dit oornag in die yskas marineer.

4. Die volgende dag haal jy die bak uit en kry die hoender by kamertemperatuur voordat jy braai. (Dit neem omtrent 1 tot 2 ure om die koue te verloor.)

5. Braai in 'n toeklaprooster oor medium-tot-warm kole totdat die hoender gaar is. Dit behoort omtrent 20 tot 25 minute te neem. Vat dit rustig en begin met die rooster redelik hoog, want die marinade kan dalk brand as die kole te warm is.

6. Bedien met 'n slaai van opgesnyde tamaties, komkommer en uie bedruip met olyfolie en suurlemoensap.

EN ...

Hier en daar kan jy moontlik 'n swartkolletjie op die hoender sien waar dit te veel gekaramelliseer het tydens die braaiproses. Dis nie 'n krisis nie en dra by tot die vleis se geur. Moet egter nie die karamellisering oordoen nie want 'n mens bereik 'n punt waar jy doodeenvoudig moet erken die vleis is gebrand!

COQ AU VIN (HOENDER IN WYN)

In my ondervinding word dié beroemde en klassieke Franse dis die beste berei in 'n potjie op 'n vuur met Suid-Afrikaanse wyn. Wanneer jy wyn in jou kos gebruik, behoort dit van dieselfde gehalte te wees as wyn wat jy sal drink. Dit beteken natuurlik nie dat jy 'n goeie bottel wyn spesiaal vir dié resep hoef oop te maak nie. As jy mense met 'n braai onthaal het en daar is 'n paar halfgedrinkte bottels wyn oor, is dít die dis wat jy moet maak. Jy het altesame een bottel se rooiwyn nodig, maar dit kan 'n mengsel wees solank alles van billike gehalte is.

WAT JY NODIG HET

(vir 6 honger gaste)

2 sopies olie of botter

omtrent 20 klein uitjies (soos wat jy sou inlê; afgeskil en heel)

1 wortel (opgekap)

pietersielie (fyngekap, dieselfde volume as die opgekapte wortel)

4 takkies vars tiemie

1 pakkie gerookte streepspek

1 pakkie heel knopie-sampioene (omtrent 250 g)

2½ kg hoenderstukke (enige mengsel van dytjies, boudjies en borsies)

1 sopie koekmeel

1 bottel rooiwyn

1 sopie tamatiepasta

2 teelepels sout

2 teelepels swartpeper (grof, varsgemaal)

1 sopie pietersielie (fyngekap)

LAAT WAAI!

1. As jou hoenderstukke vel aan het, trek dit af in die geval van stukke waar dit maklik is om te doen, soos dytjies en borsies. Los maar die vel aan moeilike stukke soos boudjies.

2. Sit jou pot op medium hitte en voeg die olie en botter by. Sodra daar hitte is, voeg jy die uie, wortels, pietersielie, tiemie, spek en sampioene by. Braai oor medium hitte totdat die spek goudbruin begin raak.

3. Voeg die hoenderstukke by en braai vir 'n paar minute tot effens bruin.

4. Strooi die meel oor alles en roer om die hoenderstukke daarmee te bedek.

5. Voeg die rooiwyn en tamatiepasta by en roer deeglik. Sit die pot se deksel op en laat prut vir 60 minute tot sag. Haal die deksel af en laat 'n bietjie van die vog uit die sous afkook.

6. Voeg sout en peper by na smaak. Haal van die hitte af, voeg die pietersielie by en bedien met gekookte wit rys.

EN ...

Net om te bevestig, indien jy dalk wonder, jy bedien die gereg saam met rooiwyn.

SATÉ-SOUS BY HOENDERSOSATIES

Tegnies gesproke is saté-sous deel van die Oosterse kookkuns, maar ek dink daaraan as Hollands. Almal wat ek in Nederland ken is mal oor dié tipe ding en al lyk 'n vleisie net of hy gebraai is, doop hulle hom in dié grondboontjiesous. As jy my vra, gaan dit die beste saam met gebraaide hoendersosaties.

WAT JY NODIG HET

(lewer omtrent 1½ koppies sous)

1 sopie plantolie

1 ui (fyngekap)

2 huisies knoffel (fyngekap)

½ teelepel brandrissiepoeier (of twee vars rooi brandrissies, fyngekap)

1 sopie bruinsuiker

½ koppie grondboontjiebotter (glad of korrelrig)

1 sopie sojasous

1 blikkie klappermelk

LAAT WAAI!

Maak die sous:

1. Verhit die olie in 'n klein-tot-middelslag potjie of pan en braai die ui, knoffel en brandrissie tot sag.

2. Voeg nou die bruinsuiker by en braai totdat die suiker begin karamelliseer.

3. Voeg die grondboontjiebotter en sojasous by en roer deeglik. Voeg die klappermelk by en kry aan die kook terwyl jy roer totdat 'n gladde sous vorm. Verminder die hitte deur 'n klompie van die kole onder die potjie weg te krap en laat die sous vir omtrent 15 minute prut.

4. Die saté-sous is nou reg om saam met die gebraaide hoendersosaties te bedien.

HOE OM HOENDERSOSATIES VOOR TE BEREI EN TE BRAAI

Koop ontbeende hoenderdytjies of -borsies en sny hulle in hapbare stukke. Vryf die vleis in met jou gunsteling- tuisgemaakte braaisout (sien bladsy 152) en ryg dit op sosatiepenne. Bedek die sosaties en los hulle in die yskas totdat jy hulle braai. Jy kan ook sommer hoendersosaties by jou gunsteling-slaghuis of -supermark koop. Sosaties wat van die hoender se dyvleis gemaak word, is sappiger as borsiesosaties, so wees op die uitkyk vir dytjies. Braai jou hoendersosaties vir so 10 minute op medium-warm kole. Jy sal sien hoe die vleis van kleur verander terwyl dit gaarword.

BOTTERHOENDERKERRIE

Botterhoenderkerrie (*butter chicken*) is seker die gewildste Indiese kerriedis. Die dis is nogal matig en val in 'n wye verskeidenheid mense se smaak – van kerrieliefhebbers tot kinders. So, as jy angstig deur die boek blaai op soek na 'n besliste treffer om jou skoonfamilie te voer, het jy hom net hier.

WAT JY NODIG HET

(vir 6 mense)

½ koppie botter (125 g)

1 sopie plantolie

1 ui (fyngekap)

2 huisies knoffel (fyngekap)

gemmer (dieselfde volume as die knoffel; gerasper)

1 teelepel rooi-brandrissiepoeier

1 teelepel borrie

1,5 kg ontbeende hoenderdytjies (of borsies, in groot stukke opgesny)

2 teelepels vinkelsaad (of gemaalde vinkel/barishap)

4 kardemompeule (gekneus)

100 g kasjoeneute (1 pakkie; kneus die neute met jou stamper en vysel)

1 blikkie tamatiepuree (so 410 g; moet dit nie verwar met tamatiepasta (dikker en in kleiner blikkies) of met opgekapte tamaties nie)

1 blikkie ingedampte melk (of klappermelk, of dieselfde volume jogurt)

1–2 teelepels sout

½ teelepel swartpeper

½ koppie vars koljanderblare (rofweg opgekap; opsionele garnering)

LAAT WAAI!

1. Sit die botter en die olie in jou potjie op 'n medium-warm vuur. Wanneer die botter gesmelt het, voeg jy die uie by. Braai die uie vir 'n paar minute tot hulle begin sag word, maar nie bruin is nie. Dit lyk dalk na baie botter, maar die dis se naam is immers botterhoender.

2. Voeg die knoffel, gemmer, rooipeper en borrie by en braai vir 1 minuut.

3. Nou voeg jy die hoenderstukke by. Braai hulle vir so 5 tot 8 minute (afhangend van hoe warm jou vuur is) tot goudbruin.

4. Voeg die vinkelsade, kardemompeule en kasjoeneute by, roer deeglik en braai vir nog 1 tot 2 minute.

5. Gooi die tamatiepuree en ingedampte melk by, kry die mengsel aan die kook en laat prut vir omtrent 10 minute totdat die sous ongelooflik lekker ruik en die hoender gaar is. Nou gooi jy ordentlik sout en peper by, roer nog 'n laaste keer en haal die potjie van die vuur af.

6. Bedien met rys (sien bladsy 182) en garneer met gekapte koljander.

EN ...

Die kanse is goed dat jou gaste regtig mal gaan wees oor die kos en jou vra om dit weer te maak vir 'n spesiale geleentheid soos jou geliefde se verjaardagpartytjie of jou ouma se brugklubjaarvergadering. Vir so 'n groot geleentheid kan jy almal beïndruk deur 'n paar kasjoeneute in 'n warm pan droog te rooster en oor die dis te saai.

TUISGEMAAKTE MAYONNAISE MET GEBRAAIDE HOENDER EN AARTAPPELWIGGIES

Daar is twee disse wat ek by geleentheid saam met mayonnaise, 'n baie eenvoudige bykomstigheid, eet: gebraaide hoender en aartappelwiggies. Vir so 'n gereg is dit nou eenmaal so dat jy die hoogste-gehalte mayonnaise moet gebruik, wat beteken jy moet dit self maak.

Gebruik 'n staafmenger as jy toegang tot een het; so nie sal 'n gewone handklitser ook die ding doen en as 'n bonus sommer jou armspiere 'n slag oefening gee.

WAT JY NODIG HET

(vir 4 mense)

Vir die mayonnaise:

2 ekstragroot eiergele

1 sopie suurlemoensap

1 teelepel Dijon-mosterd

'n knypie sout en peper

½ koppie kanola-olie ('n gesonde plantolie wat perfek is vir dié resep. Sonneblom- en druiwepitolie werk ook lekker omdat hulle redelik geurloos is. Jy kan olyfolie gebruik, maar sy kenmerkende geur sal jou poging dan ietwat anders as klassieke mayonnaise laat smaak.)

Vir die hoender:

2 tot 3 hoenderstukkies per persoon

tuisgemaakte braaisout (sien bladsy 152)

Vir die aartappelwiggies:

2 aartappels per persoon

olyfolie

growwe seesoutvlokkies

LAAT WAAI!

Maak die mayonnaise:

1. Wanneer jy 'n staafmenger gebruik, onthou om die mengwerk in 'n kleinerige, diep houer te doen, byvoorbeeld 'n maatbeker of 'n groot plastiekhouer waarin jy jogurt of feta gekoop het. As jy iets vlakker gebruik, sal jy jou hele kombuis met mayonnaise verf. (Vir 'n handklitser, gebruik 'n groot, breë mengbak.)

2. Sit die eiergeel, lemoensap, mosterd, sout en peper in die houer of mengbak en klits met 'n staafmenger vir 'n paar sekondes tot die mengsel goed gemeng is. (Met 'n handklitser neem dit so 30 sekondes.)

3. Terwyl die menger werk, gooi jy die olie in 'n baie dun, egalige straaltjie by – dit neem omtrent 2 minute om al die olie by te voeg. Die geheim vir lekker mayonnaise is om die olie regtig stadig by te voeg. Dit behoort 'n emulsie te vorm wat vir jou 'n dik, glansende mayonnaise sal gee. (Met 'n handklitser behoort dié stap so 6 minute te neem. Vra jou braai-assistent om die straaltjie olie in te gooi terwyl jy klits.)

Braai die hoender: 2 tot 3 hoenderstukke per persoon

Sny met 'n skerp mes 'n gleuf in die dikste deel van elke hoenderstuk. Dit maak dit makliker om te braai en laat meer geur by die hoender intrek. Vryf die hoenderstukke met jou eie, pasgemaakte hoenderbraaisout (sien bladsy 152) en braai vir omtrent 20 minute oor matige-tot-warm kole op 'n toeklap- of oop rooster tot hulle reg is.

Maak die aartappelwiggies: 2 aartappels per persoon

Ek skil nie die aartappels nie. Was hulle net goed en sny dan elke aartappel in vier wiggies. Kook die wiggies in soutwater vir omtrent 10 minute tot halfgaar. Dreineer deeglik. Pak 'n laag wiggies in 'n oondbak, bedruip met olyfolie en bestrooi mildelik met growwe seesout. Bak in 'n voorverhitte oond by 200 °C tot hulle bruin en bros is. Dit sal so 30 minute neem.

HOENDERBIRJANI

Dié hoender-en-rysdis kom van Noord-Indië, maar is plaaslik so 'n gevestigde gunsteling dat ons hom as 'n aangenome kind van die Suid-Afrikaanse kookkuns kan beskou. Jy sal agterkom dat ek die birjani met ontbeende vleis maak. Hier het jy basies twee opsies: dye of borsies. Borsies is makliker verkrygbaar, maar dye is nie so droog nie en het meer smaak, so ek stel voor jy probeer om dye in die hande te kry. Die meeste supermarkte verkoop deesdae ontbeende hoenderdytjies, maar as jy dit nie kan kry nie gebruik borsiefilette.

WAT JY NODIG HET

(vir 6 mense)

2 koppies basmatirys (rou)

2 sopies botter

2 uie (fyngekap)

2 lourierblare

5 kardemompeule

1 kaneelstokkie

½ sopie borrie

3 sopies kerriepoeier

1 sopie gemmer (gerasper)

18–24 ontbeende hoenderdye (of 8 hoenderfilette, in groot stukke gesny)

1 teelepel sout

½ teelepel swartpeper

2 koppies hoenderaftreksel

2 sopies vars koljander (fyngekap)

amandels (in vlokkies en gerooster; opsioneel maar lekker)

LAAT WAAI!

1. Kook die 2 koppies basmatirys volgens die resep op bladsy 182. Onthou, daardie resep is vir 1 koppie, so jy moet hom verdubbel.

2. Sit jou potjie op die vuur. Behalwe vir die aanvanklike braai-deel, maak jy die dis deurgaans op medium-lae hitte, so maak seker jou vuur is nie te warm nie. Voeg eerder nog kole by as die hitte te laag is. Sit die botter, uie, lourierblare, kardemompeule en kaneelstokkie in die pot en braai vir so 5 tot 10 minute. Die uie moet sag wees, maar nie bruin nie.

3. Voeg die borrie, kerriepoeier en gerasperde gemmer by. Laat braai vir 'n minuut terwyl jy roer.

4. Nou is dit die hoender, sout en peper wat ingaan. Braai vir omtrent 2 minute net om dit 'n bietjie kleur te gee. Gooi die hoenderaftreksel in, roer en sit die deksel op. Laat prut op lae hitte vir 20 minute. Roer na 10 minute.

5. Haal die deksel af en gooi die gaar rys bo-op die hoender, sprei dit uit tot in al die hoeke en maak dit gelyk. Sit weer die deksel op en laat alles vir 10 minute saam prut op lae hitte.

6. Haal die potjie van die vuur af en laat hom vir 10 minute staan voordat jy die deksel oplig. Bedien met fyngekapte koljander en 'n paar vlokkies geroosterde amandels.

EN ...

Hoenderbirjani kan effe droog wees en dis nou maar een van daardie dinge. Los die probleem op deur dit saam met iets smaaklik te bedien, byvoorbeeld raita (soortgelyk aan tzatziki).

Hoe om raita te maak:

2 koppies gewone jogurt (ek verkies Griekse bo Bulgaarse jogurt)

½ komkommer (pitte uitgehaal en grof gerasper)

1 teelepel gemaalde komyn

1 sopie koljanderblare (fyngekap)

sout en peper (na smaak)

Meng bloot die bestanddele saam.

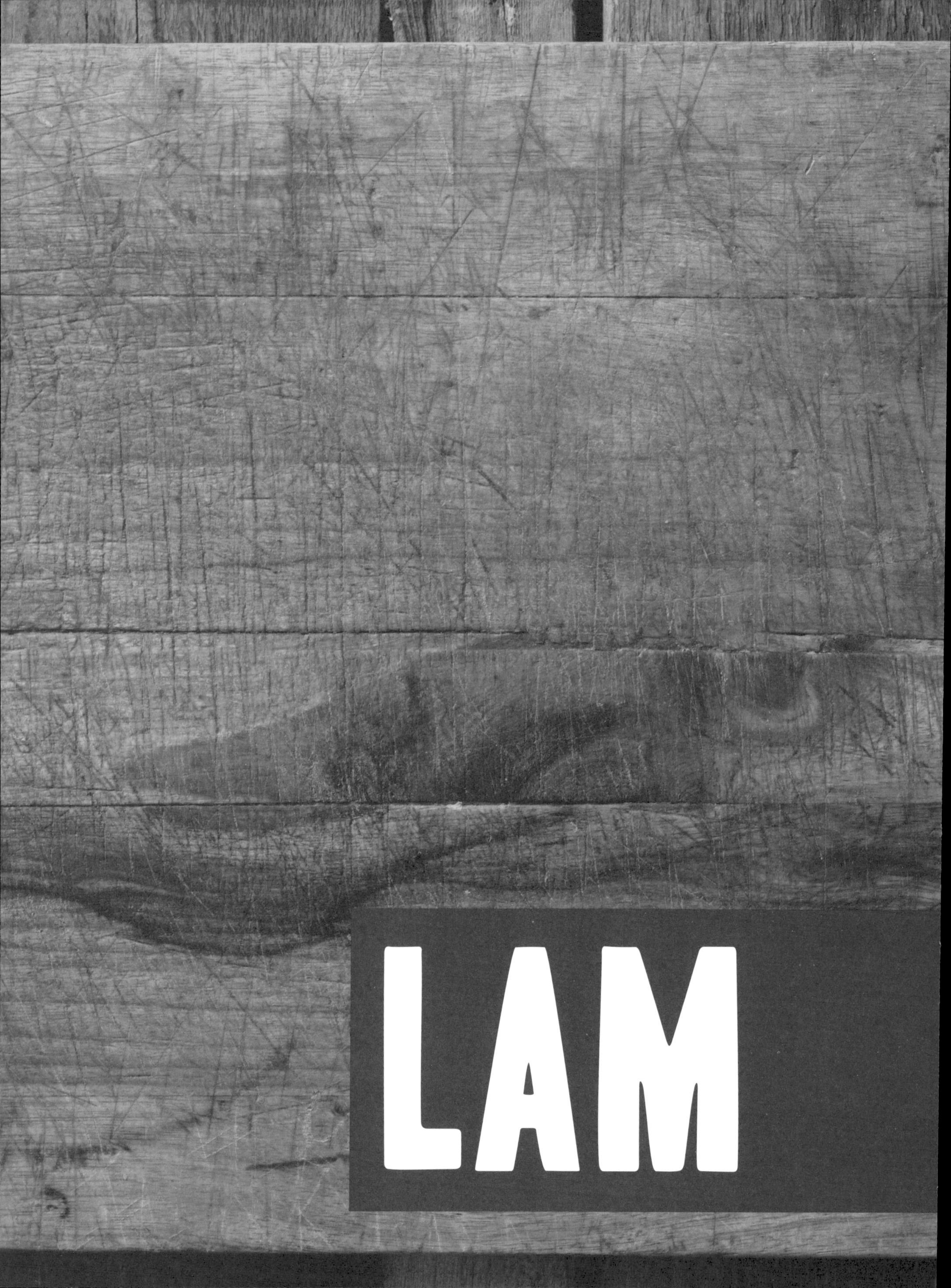

LAM

OM DIE BRAAIVUUR IS LAMS-LENDETJOPS KONINKLIKE FAMILIELEDE. EK GLO JY MOET HULLE MET EENVOUDIGE SMAKE SOOS OLYFOLIE, KNOFFEL, SOUT, PEPER, MOONTLIK 'N BIETJIE SUURLEMOENSAP EN JOU KEUSE VAN ORIGANUM, TIEMIE OF ROOSMARYN BRAAI. OP DIÉ MANIER SAL JY NIE DIE FANTASTIESE EN DELIKATE EIENSKAPPE DAARVAN VERBLOEM OF OORDONDER NIE. DIT IS BY VAN DIE ANDER GOEDKOPER SNITTE LAMSVLEIS WAAR EK DINK ONS MOET KREATIEF WEES.

ROGAN JOSH-LAMSKERRIE

Rogan josh is 'n puik kerrie met 'n ryk, eksotiese smaak. Verbasend genoeg is al die speserye wat jy benodig, plaaslik beskikbaar. Elkeen van die bestanddele dra by tot die geurryke eindproduk. Haal diep asem en volg net die stappe; dit is een van die makliker, maar indrukwekkendste potjies wat jy in jou lewe sal maak. Die vleis hoef nie eens van die been af te kook nie, want jy begin sommer met ontbeende lam.

WAT JY NODIG HET

(vir 4 mense)

2 sopies plantolie

1 kg ontbeende lamsvleis (sny 'n boud of blad in blokkies, of koop net genoeg boudtjops, sny hulle in blokkies en raak ontslae van die bene)

2 uie (fyngekap)

2 lourierblare

1 kaneelstokkie

6 kardemompeule

6 swartpeperkorrels

6 heel naeltjies

6 huisies knoffel (fyngekap)

vars gemmer (gerasper, in volume net soveel as die knoffel)

1 teelepel gemaalde komyn

1 sopie paprikapoeier

1 teelepel rooipeper (*cayenne pepper*)

1 teelepel gemaalde koljander

1 teelepel sout

1 koppie gewone jogurt

½ koppie water

vars koljanderblare (as garnering)

LAAT WAAI!

1. Verhit die olie in 'n potjie op die vuur. Braai die vleisblokkies in sarsies (waarskynlik twee) oor sterk hitte tot mooi bruin. Haal die vleis uit, sit dit op 'n bord en hou eenkant. Ons sal later die vleis terugsit in die pot. Los die vet en sappe in die pot vir die volgende stap.

2. Braai nou die uie vir omtrent 5 minute tot hulle begin sag word. Voeg nou die lourierblare, kaneelstokkie, kardemompeule, peperkorrels en naeltjies by en braai vir omtrent 1 minuut. Namate die speserye se geure deur die hitte vrygestel word, sal jou neus jou sê dat daar lekker dinge in die pot aan die gebeur is.

3. Voeg die knoffel en gemmer by en roerbraai vir nog 'n minuut. Voeg dan die koljander, komyn, paprika, rooipeper en sout by. Meng deeglik. Die mengsel sal dalk redelik droog wees en kan dus maklik aanbrand, so moenie groot vlamme onder die pot stook nie. Dit beteken ook jy moet vinnig aanskuif na die volgende stap.

4. Sit die vleis (en al die sap wat in die bord is) terug in die potjie – dit behoort die droë bodem te smeer. Meng alles, tot heel onder in die pot. Krap met jou lepel enige stukkies los wat aan die bodem vassit. As jy sukkel, kan jy 'n klein bietjie water bygooi om dit makliker te maak. Sodra jy klaar is, gaan jy oor na die volgende stap.

5. Gooi die jogurt by en roer aanhoudend en deeglik.

6. Laat dit vir 1 tot 3 minute rus, voeg dan die water by en roer totdat jy 'n gladde sous het. Kry dit aan die kook, sit die deksel op en laat rustig prut oor lae hitte vir omtrent 1 uur of totdat die vleis sag is en die sous verdik het. As jou vuur te warm is, sal die sous te vinnig reduseer en in 'n gebrande smeersel verander – iets wat, soos *Othello*, 'n tragedie sal wees. Hou die hitte fyn dop en meng nog 'n paar druppels water by as dit regtig nodig is.

7. Haal van die hitte af en bedien met basmatirys en 'n paar vars koljanderblare.

EN ...

Kardemompeule in dié gereg is soos skeidsregters in 'n rugbywedstryd. Sonder hulle kan niks gebeur nie, maar dis nie juis lekker om van aangesig tot aangesig met hulle te kom nie. As jy 'n kardemompeul in die eindproduk raaksien, vis hom uit en gooi weg. Hy het sy doel gedien.

GROENBOONTJIEBREDIE

Jy moet die reëls ken om hulle te breek. 'n Groenboontjie-en-lamsvleispotjie (of een met skaapvleis) is ouer as ek en ouer as die meeste mense wat die boek lees. Dis een van Suid-Afrika se gunsteling- tradisionele kombinasies. Hoe om dit oor die kole te maak, is iets wat elke braaier behoort te weet. Die hoofbestanddele is groenbone en lamsvleis. Die potjie is redelik maklik om te maak en het nie enige vreemde geure nie, so hy is ideaal vir 'n uiteenlopende klomp gaste, nogal soos Merlot, die wyn wat ek saam met hom aanbeveel.

WAT JY NODIG HET

(vir 6 mense)

1 sopie plantolie

1 kg lamsnektjops

1 sopie koekmeel

2 uie (opgekap)

3½ koppies bees- of skaapaftreksel

2 teelepels sout

1 teelepel swartpeper

1 kg groenboontjies
(gewas, stingels en punte afgesny, en in stukkies gesny)

3 groot aartappels
(in blokkies gesny)

1 sopie suurlemoensap

LAAT WAAI!

1. Verhit die olie in jou potjie oor 'n warm vuur, voeg die vleis by en bestrooi met die meel. Roer om die meel oor die vleis te versprei en braai die vleis tot effens bruin.

2. Voeg die opgekapte uie by en braai hulle tot sag.

3. Voeg nou die aftreksel, sout, peper, boontjies, aartappels en suurlemoensap by en kry die pot aan die prut. Laat die bredie vir 2 ure stadig prut oor lae hitte tot die vleis lekker sag is en begin loskom van die bene.

4. Haal van die vuur af en bedien met rys ... en Merlot.

EN ...

Groenboontjies smaak die beste wanneer hulle vars en in seisoen is. Soos met die meeste vrugte en groente weet jy hulle is in seisoen wanneer hulle goedkoop is. Groenboontjies verouder nie goed nie en moet dus vars verkoop word. In seisoen is daar soveel groenboontjies beskikbaar dat die prys daal. Die finansiële sektor noem dit die wet van vraag en aanbod. In 'n neutedop: Wanneer jy groenboontjies teen 'n goeie prys kan kry, is dit tyd vir 'n lamsvleis-en-groenboontjiepotjie.

BUNNY CHOW

Wat die kookkuns betref, en ek bedoel dit op 'n positiewe manier, is *bunny chow* seker die enkele grootste ding wat Durban tot die Suid-Afrikaanse samelewing bygedra het. *Bunny chow* het absoluut niks net hasies of konyne uit te waai nie. Dis eintlik maar kerrie wat jy in 'n uitgeholde brood bedien. Jy kan bees-, skaap-, hoender-, vis- of selfs groentekerrie vir 'n *bunny chow* gebruik. Ek hou daarvan om 'n kerrie van ontbeende vleis te gebruik, om dieselfde rede dat mens nie bene in jou boereworsrol of hamburger wil hê nie. Al is dit nou nie heeltemal Upington in die middel van die somer nie, is die kerrie nogal warm, so wees reg daarvoor. As jy dit matiger wil hê, gebruik minder brandrissiepoeier en as jy 'n geharde Durbanse kerrie-eter is, gebruik meer.

WAT JY NODIG HET

(lewer 4 kwart-kerriebrode)

2 sopies olyfolie

1 ui (fyngekap)

1 sopie masala
(sterk kerriepoeier)

1 teelepel brandrissiepoeier
(opsioneel)

500 g ontbeende lamsvleis
(of skaapvleis, in blokkies of repe gesny)

3 huisies knoffel (fyngekap)

1 sopie vars gemmer (gerasper)

1 blikkie opgekapte tamaties

2 aartappels
(in klein blokkies gesny)

2 wortels (in klein blokkies gesny)

½ sopie suiker

1 teelepel sout

½ teelepel swartpeper

1 vars witbrood
(die gewone ou standaard-witbrood, nie vooraf gesny nie)

2 vars tamaties
(opgekap, om mee te bedien)

1 bakkie koljanderblare
(om mee te bedien)

LAAT WAAI!

1. Verhit die olie in 'n potjie op 'n medium-warm vuur. Braai die uie vir omtrent 5 minute tot sag. Voeg die masala en die brandrissiepoeier (indien jy wil) by. Braai vir 1 tot 2 minute totdat die pan taaierig begin raak. As dinge iewers in stap 1 of 2 te veel brand (op 'n swart manier, nie op 'n brandrissie-manier nie), voeg 'n bietjie water by om dit teë te werk, maar doen dit net as dit regtig nodig is. Ons moet die geur laat ontwikkel deur dinge op die pot se bodem effe taai te kry.

2. Voeg die vleis, knoffel en gemmer by en roerbraai vir nog 'n minuut of twee.

3. Voeg tamaties, aartappels, wortels, suiker, sout en peper by en roer. Krap terselfdertyd die taai stukkies van die pot se bodem los.

4. Sit die deksel op en laat prut oor medium-kole vir omtrent 30 minute terwyl jy elke nou en dan loer en roer dat die pot nie aanbrand nie. As die mees entoesiastiese geroer nie gaan keer dat hy aanbrand nie, is jou potjie te droog. Voeg 'n bietjie water by, maar vat dit rustig: Jy maak kerrie, nie sop nie.

5. Na 30 minute haal jy die deksel af en steek die aartappels met 'n vurk om seker te maak hulle is deurgaar. Sodra die aartappels sag is, is die gereg eintlik reg. Laat hy vir nog 'n paar minute sonder die deksel prut dat die sous kan verdik. Wanneer dit gebeur is die kerrie reg, so haal die potjie van die vuur af. Proe en gooi nog 'n bietjie sout by indien nodig.

6. Sny die brood in kwarte en skep die binnekante uit om broodbakkies vir die kerrie te maak. Vul die holte van elke stuk brood met die kerrie en sy sous. Bedien die brood wat jy uitgeskep het saam met 'n slaai van tamatie en vars koljanderblare as 'n bykos.

HERDERSPASTEI

Wat 'n herderspastei (*shepherd's pie*) van 'n boere-aartappelpastei (*cottage pie*) onderskei, is dat hy met skaap- of lamsvleis gemaak word eerder as beesvleis. Dis 'n tegniese punt, maar jy lees nou 'n tegniese braaiboek. Logika bepaal dat jy welkom is om bees in plaas van lam te gebruik, maar onthou om dan na die dis as 'n boere-aartappelpastei te verwys.

Oorskiet- gebraaide lams- of beesvleis, of 'n mengsel van die twee, werk die beste. Laasgenoemde ly aan effe van 'n persoonlikheidsafwyking, maar is steeds vreeslik lekker.

WAT JY NODIG HET

(vir 6 mense)

Vir die vleisvulsel:

1 sopie botter

1 ui (fyngekap)

2 middelslag wortels (opgekap of gerasper)

seldery (in volume net soveel as die wortels, opgekap)

1 sopie koekmeel

1½ koppies warm bees- of skaapaftreksel

500 g gebraaide lamsvleis (eers ontbeen en oortollige vet weggesny en dan opgesny, omtrent 3 koppies opgesnyde gaar lamsvleis)

1 teelepel Worcesterhiresous

1 teelepel sout

1½ teelepels swartpeper

1 sopie pietersielie (fyngekap)

Vir die bolaag van kapokaartappels:

4 groot aartappels

soutwater (genoeg om die aartappels in te kook)

1 sopie botter

½ koppie melk

sout en peper

LAAT WAAI!

1. Sit 'n platboom-potjie op die vuur en braai die uie, wortels en seldery in die botter vir omtrent 5 minute tot sag.

2. Meng nou die koekmeel by en voeg dan die warm vleisaftreksel by en roer dit in.

3. Voeg nou die vleis, Worcestershiresous, sout, peper en pietersielie by. Sit die potjie se deksel op, maar laat 'n gleufie oop, en laat hom rustig prut totdat die sous verdik. Dit kan omtrent 45 minute neem, maar die tyd wissel en sal afhang van 'n paar faktore, insluitend die hitte van jou vuur. Gebruik dié tyd om stappe 4 en 5 af te handel.

4. Skil die aartappels en kook hulle in 'n ander pot vir omtrent 30 minute in soutwater tot sag. (Een teelepel sout in die water is genoeg.) Ek hou nie regtig daarvan om aartappels te skil nie en doen dit gewoonlik nie. As jy hulle ook nie wil skil nie, moenie, maar voel ten minste skuldig daaroor.

5. Wanneer die aartappels gaar is, tap jy die water af en druk hulle fyn met 'n aartappeldrukker. Voeg die botter en die melk by die fyngedrukte aartappels, strooi sout en swartpeper oor en meng deeglik. Die tekstuur behoort glad en pofferig te wees.

6. Terug by die potjie vleis op die vuur: Wanneer die sous verdik het, haal jy die deksel af en bedek die vleismengsel met die kapokaartappels van stap 5. Versprei die aartappels om die oppervlak eweredig te bedek. Dit is heeltemal aanvaarbaar as die boonste oppervlak van die kapokaartappels effe grof gelaat word. Om die waarheid te sê, dis in die mode.

7. Sit die deksel op die potjie en pak 'n hele klomp warm kole bo-op. In dié stadium wil jy nie meer enige hitte onder die pot hê nie. Bak nou die herderspastei in die potjie vir 20 tot 30 minute tot die bolaag 'n goudbruin skynsel kry van die warm kole op die deksel. Jy sal natuurlik die deksel moet oplig om te kyk of dit so is. Pasop dat daar nie as in die potjie val nie, want dit sal die geur van die dis belemmer.

EN ...

As jy nie oorskiet-braaivleis het nie, maar steeds lus is vir die pastei, kan jy 500 g vars beesmaalvleis in plaas van oorskietvleis gebruik. Voeg jou maalvleis na stap 1 by en braai dit vir 5 tot 8 minute tot lekker bruin. Gaan dan aan met stap 2 en die res van die resep. (Ignoreer die deel waar jy die vleis byvoeg in stap 3.) Ek beveel nie aan dat jy rou maalvleis bysit nadat jy die aftreksel bygegooi het nie, want dan gaan die vleis kook eerder as braai, en die gereg gaan maar bra vaal smaak.

TAMATIEBREDIE

Dié resep is baie tradisioneel. So, as jy iets wil opdis wat jou ma én jou skoonma sal beïndruk is hy net die een vir jou. Die hoofbestanddele is tamaties en lamsvleis. As jy op bloedrooi, dalk selfs effens oorryp, tamaties afkom en jy loop terselfdertyd lamsvleis op die been raak, weet jy wat om te doen. Enige lamsvleis op die been sal werk: nektjops of lamsribbetjies en -skenkels. Supermarkte en slaghuise verkoop soms *stewing lamb* – dis ideaal.

Jy sal agterkom dat daar nie water of ander vloeistof bygevoeg word tydens die kookproses nie. Dis omdat die tamaties genoeg vloeistof bevat. Maar, soos met enige ander potjie, kan jy water bygooi as jy sien hy kook droog en om te keer dat hy aanbrand, al sê ek nie uitdruklik so nie.

WAT JY NODIG HET

(vir 6 mense)

2 sopies olyfolie
(of ander plantolie)

1,5 kg lamsvleis
(blokkies of stukke, 'n deel daarvan of alles op die been)

½ sopie koekmeel

1 ui (fyngekap)

½ sopie sout

1 teelepel swartpeper

1 kg ryp tamaties (opgekap, of 3 blikkies heel of opgekapte tamaties)

2 sopies tamatiepasta

1 lourierblaar

½ sopie suiker

½ sopie asyn (of suurlemoensap)

2 groot aartappels
(geskil en in klein blokkies gesny)

LAAT WAAI!

1. Sit die potjie op die vuur, gooi die olie in en verhit dit. Wanneer die olie warm is, voeg jy die vleis by. Strooi die meel oor die vleis en roer om die meel te versprei. Braai nou die vleis effe bruin. Dit sal 'n paar minute neem, afhangend van hoe warm die vuur en jou potjie is.

2. Voeg die opgekapte uie by en braai tot sag. Dit sal so 5 minute neem.

3. Voeg nou die sout, peper, opgekapte tamaties, tamatiepasta, lourierblaar, suiker en asyn by. As jy die pot stadig aan die prut het, sit jy die deksel op en los hom vir so 1½ ure totdat die vleis begin sag word.

4. Voeg die aartappels by, sit die deksel terug en laat prut vir nog 30 minute totdat die aartappels sag is.

5. Haal die pot van die vuur af en bedien met rys.

EN ...

Wanneer 'n resep soos dié tamaties bevat, het jy 'n paar opsies. Die tamaties is deurslaggewend in die gereg, so ek stel voor dat jy vir die beste resultate regte ryp tamaties gebruik. As jy dit nie in die hande kan kry nie, gebruik dieselfde volume geblikte tamaties. Die geblikte tamaties wat *whole cherry tomatoes* of *whole, peeled tomatoes* op die etiket sê, smaak dan gewoonlik die beste. Kap hulle op of druk hulle fyn en gooi dan saam met die blikkie se sap in die pot. Jy kan ook blikkies opgekapte tamaties gebruik. Wat jy ook al gebruik, hetsy regte tamaties, heel tamaties uit 'n blik, of opgekapte bliktamaties, sit maar tamatiepasta by as hulle nie rooi genoeg is nie of te min van daardie ryk tamatiegeur het.

SEEKOS

MET SEEKOS IS DIE REËL EENVOUDIG SO VARS AS MOONTLIK.

SNOEKPATEE

As jy toevallig met oorskiet- gebraaide snoek sit, is snoekpatee die beste manier om dit te gebruik. Smeer die patee op brood wat op die kole gerooster is en jy sal die meeste deftige restaurante lag-lag ore aansit. Maar wie wil in elk geval in 'n restaurant sit wanneer jy om 'n vuur kan staan?

WAT JY NODIG HET

(vir 4 tot 6 mense as 'n voorhappie)

omtrent 250 g gebraaide of gerookte snoek (oor hoe om snoek te braai, sien *Vuurwerke* bladsy 102, en loer ook na die opmerkings hieronder)

'n halwe suurlemoen se sap

1 bakkie gewone roomkaas (gewoonlik 230–250 g)

2 sopies mayonnaise

½ sopie pietersielie (fyngekap)

½ sopie grasuie (fyngekap)

sout en swartpeper

gesnyde brood om mee te bedien (oor kole gerooster, of varsgebraaide roosterkoek)

LAAT WAAI!

1. Haal al die grate uit die snoek en verwyder die vel. Breek nou die vis in vlokkies op met jou skoon hande. Let wel: Maak doodseker jy haal al die grate uit.

2. Sit die gevlokte snoek in 'n mengbak saam met die suurlemoensap, roomkaas, mayonnaise, pietersielie en grasuie. Meng dit met 'n vurk tot glad en smeerbaar.

3. Proe aan die patee en voeg sout en peper by na smaak. Hoeveel sout en peper jy byvoeg, sal natuurlik afhang van hoe sterk jou oorskiet-snoek gegeur was.

4. Smeer die patee lekker dik op roosterkoek of enige ander varsgebakte of geroosterde brood. Smul daaraan langs die vuur met 'n glas witwyn in die hand.

EN ...

Vyfhonderd gram vars snoek gee jou omtrent 250 tot 275 g gaar gevlokte snoek (sonder die grate en vel). Vars vis verloor nogal baie vog op die kole. Hou dit in gedagte wanneer jy vars snoek koop, veral vir dié resep.

As jy, soos ek, gereeld lus raak van vir snoekpatee, sal jy dit soms eenvoudig moet maak al het jy nie oorskiet- gebraaide snoek byderhand nie. Dan kan jy sommer gerookte snoek by jou plaaslike viswinkel of supermark koop, want dit werk net so goed.

VISKOEKIES

Viskoekies is propvol geur en omdat hulle geen grate in het nie, is hulle ook maklik om te eet. Dis 'n lekker manier om oorskiet- gebraaide vis te gebruik. As jy egter eers dié resep baasgeraak het, sal jou oorskiet waarskynlik heeltemal te gou opraak en sal jy vis van meet af aan moet braai om jou viskoekie-lus te bevredig.

WAT JY NODIG HET

(vir 6 mense)

1 kg gebraaide/gaar stokvis of 'n ander witvis (sowat 2 koppies vis, ontbeen en gevlok)

2 koppies witbroodkrummels

1 ui (afgeskil en gerasper)

1 tamatie (pitte uitgehaal, en gerasper)

1 sopie pietersielie (fyngekap)

1 sopie vars koljander (fyngekap)

1 sopie vars dille (fyngekap)

1 eier (effens geklits)

1 teelepel sout (minder as jy jou vis al op die kole gesout het)

½ teelepel swartpeper

2 sopies plantolie (om in te braai)

vars suurlemoenskyfies (om mee saam te bedien)

mayonnaise (om mee saam te bedien)

LAAT WAAI!

1. As jy rou vis gebruik, maak dit eers gaar. Die maklikste is om dit gou oor warm kole te braai, of in 'n bietjie olie in 'n pan. Dit behoort nie langer as 15 minute te neem nie.

2. Breek nou die gaar vis in vlokkies op met jou skoon hande (maak doodseker jy haal al die grate uit) en sit dit saam met die ander bestanddele (behalwe die olie en suurlemoenskyfies) in 'n mengbak. Meng deeglik.

3. Rol die mengsel in porsies so groot soos gholfballe, druk elke bolletjie effens plat en pak die hele klomp op 'n skinkbord. As jy wil verhoed dat jou skinkbord na die tyd soos vis ruik, voer hom uit met 'n vel bakpapier.

4. Verhit die olie in 'n groot platboompotjie of vuurvaste pan oor medium-tot-warm kole. Braai die viskoekies in sarsies aan albei kante, draai hulle net een keer om. Hulle is reg wanneer hulle goudbruin aan albei kante is. Dit behoort so 5 tot 8 minute te neem. Om viskoekies gaar te maak is glad nie moeilik nie. Trouens, dié takie kan jy maklik uitdeel aan iemand om die vuur wat vra: 'Hoe kan ek help?'

5. Soos wat jy die viskoekies uit die pan haal, sit jy hulle op 'n paar velle kombuispapier neer om die oortollige olie te absorbeer. Skep dan op. Bedien met mayonnaise, suurlemoenskyfies en 'n vars groen slaai.

EN ...

Jy kan enige eetbare vis vir die resep gebruik. Die vis wat jy kies sal natuurlik die viskoekies se smaak bepaal. Stokvis werk lekker, maar as jy luuks voel, gebruik salm of forel. As jy op 'n kamptoer in midde-Afrika is, is tuna uit 'n blikkie die antwoord.

SEEKOSPOTJIE

Die gehalte van die seekos wat jy in jou seekospotjie gebruik, gaan die smaak en tekstuur van die eindproduk bepaal. Gebruik dus vars seekos sover jy kan. Nie alle bevrore seekos is sleg nie (ek gebruik dikwels bevrore garnale), maar in Suid-Afrika het ons toegang tot vars vis en mossels en dit is waarom ek verkies om dit vars te gebruik. Die lekker ding van 'n seekospotjie is dat jy nie ure vooraf al aan hom hoef te begin kook nie, want hy neem net so 30 minute – baie vinniger as 'n vleispotjie. Om die vars seekos voor te berei, neem wel 'n tydjie.

WAT JY NODIG HET

(vir 6 tot 8 mense)

2 sopies olyfolie

1 ui (fyngekap)

2 selderystokkies (fyngekap)

1 groot wortel (gerasper of fyngekap)

5 huisies knoffel (fyngekap)

1 bottel droë witwyn

2 koppies visaftreksel (of hoenderaftreksel)

1 kg swartmossels (skoongemaak en gewas)

1 kg garnale (in hul doppe, dermpies uitgehaal)

700 g–1 kg witvis-filette (sonder vel en grate en in hapbare blokkies gesny)

1 koppie room (250 ml-houertjie)

1 sopie mielieblom

2 teelepels sout

1 teelepel swartpeper

1 sopie suurlemoensap

2 sopies pietersielie (fyngekap)

KRY DIE SEEKOS GEREED

Mossels: Skrop hulle met 'n borsel en trek die baard af. (Trek dit na die nou punt van die mossel totdat dit losbreek.) Spoel die mossels deeglik af. Laat hulle vir 'n uur in 'n emmer varswater lê. Roer die mossels so twee keer in die uur sodat almal ordentlik aan die varswater blootgestel word. Gooi al die mossels weg wat oopgegaan het, dryf of gekraakte doppe het. Wanneer die uur om is, was jy die mossels in skoon water. Onthou, sand is jou vyand. Om die mossels vir 2 ure in varswater te los, is nóg beter.

Garnale: Ontdooi deur hulle 'n halfuur lank in koue water te laat lê. Sny die agterkant van elke stert met 'n skerp kombuisskêr oop en trek dan die hele dermpie met 'n vurktand uit. Sien onderaan bladsy 112 vir meer oor die onderwerp.

Vis: As jy weet hoe om dit te doen, ontbeen die vis en haal die grate met 'n haartangetjie (*tweezer*) uit. Verwyder die vel versigtig en sny die vis in hapbare blokkies. As jy nie weet hoe om 'n vis te ontbeen nie, vra jou vishandelaar of 'n vissermansvriend om dit vir jou te doen.

LAAT WAAI!

1. Verhit die potjie op 'n warm vuur, voeg die olyfolie by en braai die ui, seldery, wortel en knoffel vir tussen 5 en 10 minute tot sag, maar nie te donker nie.

2. Voeg nou die wyn en aftreksel by. Kry die potjie aan die kook.

3. Gooi die mossels in die potjie en pak die garnale en visstukke bo-op die mossels. Sit die deksel op en laat die potjie rustig prut vir ongeveer 15 minute.

4. Meng intussen die room met die mielieblom. (Ek het hierdie toertjie by Carmen Niehaus geleer.) Lig die deksel na so 15 minute en sodra die vis net mooi gaar begin lyk, voeg jy die room-en-mielieblommengsel, sowel as die sout, peper en suurlemoensap by. Roer nou versigtig die hele pot om sodat die vis nie opbreek nie. Verhit die mengsel tot warm en laat dit rustig prut vir so 5 tot 10 minute totdat die sous begin dik word. Haal die pot van die vuur af en voeg die fyngekapte pietersielie by.

5. Bedien saam met rys of selfs brood.

GESKROEIDE TUNA MET SESAMSAAD

Soos met enige vis wat jy wil braai, is die belangrikste ding om seker te maak die tuna is vars. Die een manier om dit te doen is om dit te koop by 'n vooraanstaande en betroubare vishandelaar wat jou presies kan vertel waar hy die tuna gekry het en wanneer dit gevang is. As jy onseker is oor die tuna se varsheid, moet dit nie koop nie. Die ander manier om vars tuna te kry, is natuurlik om dit self te vang.

WAT JY NODIG HET

(vir 4 mense)

4 tuna-steaks van omtrent 200 g elk (baie vars of sashimi-gehalte)

1 sopie plantolie

sout en swartpeper

omtrent ½ koppie sesamsaad (bonuspunte as jy swart én wit sesamsaad in die hande kan kry)

½ koppie goeie-gehalte sojasous

1 sopie gemmer (gerasper)

1 sprietui (fyn opgesny)

½ sopie suiker

½ sopie witasyn

LAAT WAAI!

1. Sit die tuna-steaks in 'n skottel en verf hulle liggies met olie. Geur hulle aan albei kante met sout en peper. Sit die vis op 'n koel plek vir 10 minute sodat dit kamertemperatuur kan bereik. Moenie te lank wag voor jy die steaks begin braai nie, want vis kan vinnig sleg raak.

2. Sit die sesamsaad in 'n ander skottel of op 'n bord en druk die steaks aan alle kante in die sesamsaad sodat hulle eweredig bedek is.

3. Pak nou die tuna-steaks versigtig (sodat die sesamsaad nie afval nie) in 'n skoon toeklaprooster en braai vir 1 minuut aan elke kant oor baie warm kole. As jy wonder of jou kole warm genoeg is, dan is hulle nie! Haal die steaks van die kole af en sit hulle vir 5 tot 10 minute op 'n houtplank om af te koel voordat jy hulle sny.

4. Terwyl die tuna asemhaal, meng jy die sojasous, gemmer, sprietui, suiker en asyn saam in 'n beker of bakkie. Roer tot die suiker opgelos het.

5. Sny die tuna-steaks in repe met 'n baie skerp mes. As jy nie 'n baie skerp mes het nie, koop een of slyp die mes wat jy het. Soos jy kan sien in die foto op die oorkantse bladsy, is die vis nog rou in die middel. Dit is hoe geskroeide tuna moet lyk. Daardie selfde stuk vis kan immers in 'n restaurant rou voorgesit word as sashimi.

6. Bedruip die vis met die sous, of bedien die sous in klein doopbakkies op elke bord.

EN ...

Braai net vis wat op 'n volhoubare manier gevang is. Bly weg van blouvin-tuna of enigiets anders wat op SASSI se rooilys ronddobber.

FORELFILETTE MET DILLEBOTTER

Anders as salm, wat te lui is om Suid-Afrika toe te swem en hierheen gevlieg moet word, het forel wel sy pad na Suid-Afrikaanse waters gevind. As jy, soos ek, al probeer het om vlieghengel te bemeester en meestal misluk het, moenie bekommerd wees nie – jy kan vars forel koop by verskeie forelplase in die Wes-Kaap, op Mpumalanga se platorand en in die omgewing van die Drakensberge. Jy kan ook jou inkopiesak as visnet gebruik en 'n paar by 'n goeie supermark of viswinkel in jou omgewing gaan vang. Die forelfilette wat jy koop is gewoonlik reeds ontbeen. Indien nie, vra jou vishandelaar om dit vir jou te doen. Forel is lekker op die braaivuur, want die rook van die kole en die vuur voeg 'n wonderlike geur toe. Daar is absoluut geen rede om dit op enige ander manier gaar te maak nie.

WAT JY NODIG HET

(vir 4 mense)

½ koppie botter (gesmelt)

1 sopie vars dille (opgekap)

1 huisie knoffel (fyngekap)

½ sopie gladde appelkooskonfyt

'n halwe suurlemoen se sap

sout en peper

1 kg vars forelfilette

LAAT WAAI!

1. Smelt die botter en meng dit met die dille, knoffel en suurlemoensap in 'n koppie of beker.

2. Spoel die forelfilette af onder koue water en klad droog met kombuispapier. Sit die filette in 'n toeklaprooster met die velkant ondertoe. Jy kan die vel eers liggies met olie verf sodat dit nie aan die rooster vassit nie. Verf die vleiskant ordentlik met die bottersous.

3. Braai die filette oor warm kole, eers met die velkant na onder, vir omtrent 5 minute. Draai nou die rooster om en braai die vis met die vleiskant na onder vir nog 5 minute. Teen dié tyd sal die vis deurgaar wees en behoort hy maklik te vlok. Afhangend van hoe dik die filette is, kan die braaityd korter wees, veral as jy van jou forel hou met 'n bietjie pienk in die middel.

4. Haal die vis van die vuur af en verf weer met die bottersous. Nou kan jy die forel versigtig uit die rooster haal. Soms bly die vel op die rooster agter en dis piekfyn want jy gaan in elk geval nie die vel eet nie. Bedien dadelik, en voeg sout en peper na smaak by.

EN ...

Bedien met aartappelwiggies (sien bladsy 84) en slaai.

THAI-ROOIKERRIE MET GARNALE

Hierdie is een van daardie disse wat jy toentertyd in 'n restaurant bestel het omdat dit jou enigste kans was om iets in die hande te kry. Maar toe leer jy dat dit nie net maklik is om te maak nie, maar ook beter by die huis smaak. Hoekom? Want jy beheer presies wat jy insit en wat nie. Die basiese Thai-rooikerriesous pas goed by enige seekos en dus kan jy die garnale in die resep met witvisfillette vervang. Alle Thai-kerriesouse word op dieselfde manier berei, so as jy dié een baasgeraak het, hoekom probeer jy nie ook sommer die Thai-groenkerrie met hoender nie (bladsy 70)?

WAT JY NODIG HET

(vir 3 mense)

1 sopie plantolie

1–2 sopies Thai-rooikerriepasta
(*Thai red curry paste*; by die meeste supermarkte te kry)

3 knoffelhuisies (fyngekap)

gemmer (in volume net soveel as die knoffel; gerasper)

1 rooi brandrissie
(fyngekap, opsioneel)

1 blikkie klappermelk (400 ml)

1 teelepel Thai-vissous

500 g heel garnale

sap van 'n halwe suurlemoen
(of lemmetjie)

sout na smaak

½ koppie vars koljanderblare
(opgekap)

basmati- of jasmynrys
(om mee saam te bedien; sien bladsy 182 oor hoe om dit te berei)

vars koljanderblare
(ekstra, as garnering)

LAAT WAAI!

1. Berei die garnale voor soos wat onderaan die bladsy verduidelik word.

2. Verhit die olie in 'n potjie op 'n medium-warm vuur. Voeg die kerriepasta, knoffel en gemmer by en braai vir omtrent 1 minuut totdat jy kan ruik hoe lekker dit gaan smaak. Hou dop dat dit nie brand nie – iets wat nogal vinnig gebeur. As jy weet jou gaste is brandbestand, is dit nou tyd om een of meer opgekapte rooi brandrissies by te gooi.

3. Gooi die klappermelk en vissous by en verhit. As enigiets tydens stap 1 teen die pot se bodem begin vassit het, wikkel jy dit los met jou lepel en roer dit dan by die res van die sous in.

4. Gooi nou die garnale by en kook hulle vir omtrent 10 minute in die pruttende sous tot gaar. (Garnale verander van grys na helderoranje wanneer hulle gaar is.) Gooi die suurlemoensap (of lemmetjiesap) by, roer deeglik en voeg sout by na smaak.

5. Haal die potjie van die kole af en roer die opgekapte koljanderblare in.

6. Sit voor met warm basmati- of jasmynrys en garneer met 'n paar ekstra koljanderblare.

VOORBEREIDING VAN GARNALE

In Suid-Afrika koop jy gewoonlik bevrore garnale. Ontdooi die garnale deur hulle vir 30 minute in 'n bak koue water (gewone kraanwater) te sit. Jy wil hulle met die kop aan gaarmaak, want dit voeg nog geur toe, maar jy wil die dermpie uit die stert haal. Gebruik 'n skerp kombuisskêr om die agterkant van elke garnaal – van die gapinkie net onder die nek tot by die stert – oop te sny. Haak dan versigtig die hele dermpie met 'n vurktand uit.

VARK

EK GLO NIE VARKVLEIS
BEHOORT OOIT
SONDER DIE ROKERIGE
AROMA VAN 'N VUUR
BEDIEN TE WORD NIE.

VARKTJOPS MET PRUIMSOUS

Dit is gewoonlik 'n goeie idee om varklendetjops met sous te bedien, want hulle is geneig om bietjie droog te wees selfs al braai jy hulle reg. Pruimsous is maklik om te maak en gaan uitstekend saam met vark – 'n perfekte kombinasie.

WAT JY NODIG HET

(genoeg sous vir minstens 8 mense)

2 sopies botter

2 uie (fyngekap)

500 g pruime (in die helfte gesny en pitte uitgehaal)

1 kaneelstokkie

1 steranys (heel)

2 naeltjies

2 koppies rooiwyn

½–1 koppie suiker (afhangend van hoe soet jou pruime is)

1 teelepel sout

½ teelepel swartpeper

varklendetjops (2 per persoon)

LAAT WAAI!

Maak die sous:

1. Verhit die botter in 'n potjie, voeg dan die uie by en braai hulle rustig tot baie sag en blink, maar nie bruin nie.

2. Voeg die pruime, kaneelstokkie, steranys, naeltjies, wyn, suiker, sout en peper by. Sit die deksel op en laat prut op medium-lae hitte vir omtrent 1 uur. Roer elke 10 tot 15 minute. Die pruime behoort heeltemal sag te kook en in 'n dik sous te verander. Hou die vuur mooi dop, want die potjie sal droogkook as die hitte te erg is. Lae hitte is die pad om te vat. Jy kan byvoorbeeld dié resep maak terwyl jy rugby kyk en die sous elke keer gaan roer wanneer 'n skrum ineenstort.

3. Na 'n uur haal jy die sous van die vuur af en sit die deksel op totdat jy reg is om te eet. Jy hoef nie die sous warm te bedien nie, so jy mag dit maar tot kamertemperatuur laat afkoel voor of tydens die braai, nes jy verkies.

Braai die varktjops:

1. As dit jou pla, sny die oortollige vet van die tjops af, maar los 'n dun, eweredige vetlagie.

2. Vryf die tjops in met jou eie tuisgemaakte braaisout (sien bladsy 152) of geur met sout en peper. Maak hulle toe en los in die yskas tot jy reg is om te braai.

3. Sit die tjops op die rooster en braai oor warm kole vir omtrent 12 minute totdat die tjops medium is. Draai die rooster gereeld om.

4. Varklendetjops behoort medium bedien te word. Wanneer jy op jou bord daaraan sny, moet net deurskynende sap uitloop, niks pienk of rooi nie. As die interne temperatuur van die dikste dele 70 °C is, dan is die vleis medium. Gebruik dus jou vleistermometer om seker te wees.

SCHWEINSHAXE (GEBRAAIDE VARKSKENKEL)

***Schweinshaxe* is 'n Duitse gereg wat reg oor die wêreld bekend is. Jy begin deur varkskenkels of *Eisbein* te kook tot dit baie sag is. Dan braai jy die skenkels oor warm kole om hulle lekker geurig en bros te maak. So oor die kole gebraai, smaak die gereg baie lekkerder as die klassieke Duitse weergawe wat bloot in die oond gerooster word. Moenie bekommerd wees as jou slagter of supermark net gerookte varkskenkels of gerookte *Eisbein* het nie. Dit werk net so goed en sal aan jou gereg 'n nog ryker, gerookte geur gee.**

WAT JY NODIG HET

(vir 4 mense)

4 klein varkskenkels of *Eisbein*
(gewoon of gerook)

2 bottels appelwyn
(sider soos Hunters of Savanna)

2 koppies water

sout

LAAT WAAI!

1. Sit alles in 'n groot potjie. Die vloeistof moet die vark net-net bedek, so voeg nog water by indien nodig.

2. Sit die potjie op 'n warm vuur, sit die deksel op en kry dit aan die kook. Laat prut (dit moenie woes borrel nie) vir 2½ tot 3 ure en haal dan van die vuur af. Jy wil die vleis lekker sag hê, maar nie so sag dat dit van die been afval nie. Onthou om nou en dan in die pot te loer, want die vleis kan vinniger reg wees; die tye is nie eksak nie.

3. Lig die gekookte varkskenkels uit die potjie met 'n braaitang, skud die vloeistof af en sout hulle dan ordentlik. (Gerookte skenkels sal reeds baie sout wees en het dus nie nog sout nodig nie.)

4. Nou vir die braai: Jy het 'n oop rooster nodig, want 'n toeklaprooster sal nie om die varkskenkels pas nie. Braai die vleis vir so 20 minute oor warm kole tot dit oraloor lekker bruin is. Onthou, die vleis is klaar gaar, so jy wil dit net 'n bietjie knars, kleur en geur gee.

5. Bedien onmiddellik met gekookte of kapokaartappels, koolslaai (sien bladsy 156) en mosterd.

EN ...

Indien jou varkskenkels saggekook is voor jy gereed is om te braai, haal die pot van die hitte af, maar laat lê hulle netso in die water. Om nog so 'n uur of twee te lê en ontspan in louwarm water gaan die vleis net nog sagter maak.

Tydens die fotosessie vir die boek het ons agtergekom dat as jy die vleis met heuning verf hier in die laaste snikke van die braaityd, gee dit nie net 'n mooi kleur en glans nie, maar ook 'n baie luukse smaak. Probeer dit!

PREMIUM CIDER OF
4.5

VARKRIBBETJIE (*SPARERIBS*) MET VINKEL EN BRANDRISSIE

Vark, vinkel en brandrissie is goeie vriende. Jy kan dié kombinasie speserye op net mooi enige snit varkvleis gebruik wat jy op die kole braai, maar die lekker ding van varkribbetjie is sy groot hoeveelheid been en vet. Albei gee die vleis ekstra geur namate dit oor die lang braaityd warm word. In dié resep gebruik jy 'n droë *rub*. Jy mik vir ribbetjies met 'n bros, pikante buitelaag. As jy lus is vir die heel beste soet-en-taai varkribbetjie, trek die resep op bladsy 122 van *Vuurwerke*, my vorige boek, nader.

WAT JY NODIG HET

(vir 6 mense)

2,5 kg varkribbetjie of kortribbetjie (die hele ribstuk)

1 sopie olyfolie

1 sopie gedroogde brandrissievlokkies

1 sopie vinkelsaad

1 sopie soutvlokkies (of medium-growwe sout)

1 teelepel varsgemaalde swartpeper

LAAT WAAI!

1. Smeer 'n dun lagie olie op die hele ribbetjie.

2. Stamp die brandrissie, vinkelsaad, sout en peper effens fyn met 'n stamper en vysel. Let wel, jy wil 'n growwe tekstuur behou. Geur die hele oppervlak van die ribbetjie met die speserymengsel.

3. Nou braai jy die ribbetjie vir omtrent 1 uur op medium-warm kole, met die rooster redelik hoog gestel. Draai dit gereeld om. Jou braai-assistent kan mooi vir jou sorg terwyl jy mooi vir die vleis sorg. Die ribbetjie moet 'n diep-goue kleur kry en die vleis moet sag wees en van die been begin wegtrek. As die ribbetjie redelik dun is en die hitte redelik sterk, kan die vleisie al na net 40 minute reg wees.

4. Haal die ribbetjie van die vuur af en sit hom op 'n snyplank. Sny op in afsonderlike ribbetjies. Moenie die stukke vleis in die middel deursny nie. Jy sny ribbetjies so na as moontlik aan die been sodat elke ribbetjie been aan die een kant het en 'n goeie dik stuk vleis aan die ander kant. Dit maak hulle net makliker om te eet. As die afsonderlike ribbetjies nog effe rou in die middel is, is dit glad nie 'n krisis nie; eintlik gee dit jou die kans om hulle meer geur te gee. Sit hulle terug op die rooster en braai vir 'n paar minute tot gaar.

5. Ribbetjies is die lekkerste as jy hulle met jou hande eet, so jy kan hulle sommer reguit van die snyplank af of uit 'n bak bedien. As jy jou ribbetjies om die vuur eet, moet jy asseblief nie die kaal bene in die kole gooi nie want dit ruik glad nie lekker nie.

EN ...

Vir 'n spesiale geleentheid (soos 'n braai) kan jy die ribbetjie met 'n tuisgemaakte soetbrandrissiesous (bladsy 22) bedien. Moet tog nooit die fout maak om tuisgemaakte soetbrandrissiesous te verwar met die afgewaterde weergawe wat in supermarkte te koop is nie.

KERRIE-VARKNEKTJOPS

Toe ek my pa vra watter gereg hy beslis in die boek sou sit, was sy eerste antwoord kerrie-varknektjops. Dis een van daardie kenmerkende en oorspronklike Suid-Afrikaanse braaikosse.

Wanneer jy vark braai, is nektjops gewoonlik jou beste opsie omdat hulle nogal sag is en ook met vet gemarmer is en dus nie te gou sal uitdroog nie. As jy hulle in hierdie kerriemarinade los vir 'n paar ure voor die braai sal hulle nie net 'n lekker smaak kry nie, maar ook nog sagter en sappiger word. Soos met alle varkdisse moet jy die tjops braai tot hul binnetemperatuur 70 °C is. Gebruik jou vleistermometer om die temperatuur akkuraat te meet.

WAT JY NODIG HET

(vir 6 mense)

12 varknektjops

2 sopies olie

1 ui (fyngekap)

2 huisies knoffel (fyngekap)

1 sopie vars gemmer (gerasper)

1 sopie kerriepoeier
(as jy, soos ek, hou van 'n bietjie skop, gebruik medium of sterk kerriepoeier, maar as jou tong sensitief is vir 'n brandrissie, gebruik matige kerriepoeier)

1 teelepel borrie

1 koppie bruinasyn

1 koppie gladde appelkooskonfyt

1 teelepel sout

½ teelepel swartpeper

LAAT WAAI!

1. Verhit die olie in 'n middelslag pot oor sterk hitte en voeg die ui by. Braai die ui tot sag en blink, voeg die knoffel en gemmer by en braai vir nog 2 minute. Jy kan die marinade op die stoof of op die vuur maak – die keuse is joune.

2. Nou kom die kerriepoeier en borrie by. Braai vir 1 minuut terwyl jy deeglik roer.

3. Meng die asyn en appelkooskonfyt by en verhit tot dit kook. Krap enige taai stukkies op die pot se bodem los. Kook vir 5 minute.

4. Voeg die sout en peper by en roer deeglik. Haal die marinade van die hitte af en laat dit 'n uur of twee afkoel tot kamertemperatuur. Jy gooi nooit warm marinade oor rou vleis nie want dan begin die vleis kook, en dan koel dit weer af terwyl dit marineer, en dan kook jy dit weer later op die braai. En as jy jou oë uitvee is jou gestel nog deurmekaarder as die vorige sin.

5. Sit die tjops in 'n lekker groot bak en gooi die kerriemarinade oor. Meng alles deeglik met jou skoon hande en maak seker al die kante van die vleis het kontak met die marinade. Bedek die bak en laat dit vir 3 tot 4 ure in die yskas marineer.

6. Haal die tjops uit die marinade en skud die oortollige sous af. Braai oor warm kole vir omtrent 5 tot 7 minute aan 'n kant, afhangende van die tjops se grootte. Gebruik jou vleistermometer om te kyk wanneer hulle reg is.

OOSTERSE-STYL VARKLIES

Varklies was altyd iets wat ek graag by deftige restaurante bestel het. Dit was totdat ek uitgewerk het hoe om dit self te braai, wat hom natuurlik selfs beter laat smaak. Die vleis lyk aanvanklik nogal vetterig en taai, maar met 2 uur se volgehoue hitte braai die meeste van die vet weg en word die vleis lekker sag.

In dié resep gaan jy basies die goed-gemarineerde varklies in jou man-oond smoor. Die eindproduk gaan 'n sappige stuk vark wees met 'n bros, gerookte lagie vet buite-om, as't ware een groot kaiing. Ek is byna seker jy en al jou gaste gaan julle vingers aflek.

WAT JY NODIG HET

(vir 4 mense)

1 koppie sojasous

1 koppie lemoensap

die skil van 1 lemoen (geskil met 'n groenteskillertjie, nie gerasper of ge-*zest* nie)

1–2 koppies hoenderaftreksel

1 heel steranys

1 kaneelstokkie

1 sopie vars gemmer (gerasper)

½ koppie bruinsuiker

1 kg varklies (vra jou slagter vir een met 'n relatiewe dun lagie vet)

LAAT WAAI!

1. Laai jou man-oond met genoeg houtskool dat jy vir 2 uur op die indirekte metode sal kan braai en steek die vuur aan.

2. Kry 'n lekker skerp mes en kerf 'n kruis-en-dwars-patroon in die vet se buitenste laag.

3. Sit al die bestanddele (behalwe die vleis) in 'n vuurvaste braaibak (omtrent 5 cm diep). Die bak moet net groot genoeg wees om jou varklies knussies te akkommodeer. Roer die marinade om die suiker effens te laat oplos.

4. Sit nou die varklies in die marinade met die vetkant boontoe en skep ook van die marinade bo-oor. Die vloeistof moet langs die kante van die vleis opkom, maar nie die bokant daarvan bedek nie.

5. Sit die braaibak op die boonste rooster in die man-oond en maak die deksel toe. Reguleer die temperatuur van die man-oond met die kleppe aan sy bo en onderkant. Bak die vleis vir 2 uur teen 150 °C, totdat die bokant bruin en bros is en die vleis murgsag. Halfpad deur die bakproses kan jy die deksel oplig om nog van die sous in die braaibak oor die vleis te skep. Onthou, as jy die man-oond oopmaak, ontsnap baie van sy hitte, so doen dit net een keer en doen dit vinnig. As jy bekommerd is dat daar dalk nie genoeg hitte gaan wees nie, moet eerder glad nie die deksel oplig nie.

6. Haal die bak uit die man-oond en die vleis uit die bak. Laat die vleis vir 'n paar minute op 'n houtsnyplank rus. As jy wil, kan jy die sous wat in die bak oorgebly het, hou en voorsit as deel van die ete (sien onder). Sny die vleis in skywe so 2 cm dik en bedien met kapokaartappels en enige ander groente wat jy byderhand het.

EN ...

As jy die bokant van die lies selfs brosser verkies, braai hom met sy vetkant oor direkte kole as hy klaar gebak het.

Maak 'n sous van die oorblywende vloeistof:

Sit die vloeistof in 'n pot. Proe daaraan. As dit te veel gereduseer het en die geur is te sterk, voeg eenvoudig 'n paar sopies hoenderaftreksel of water by. Kry nou die pot aan die kook. Meng omtrent 'n halwe sopie mielieblom met 'n halwe sopie koue water, sommer in 'n koppie. Roer dan 'n paar lepels van die kokende vloeistof ook by die mielieblompasta. Roer nou die mielieblompastamengsel stadig in die kokende sous in. Die sous behoort vinnig te verdik. Haal dit van die hitte af en bedien saam met die vleis.

VOLSTRUIS & WILDSVLEIS

WILDSVLEIS BEVAT NORMAALWEG NIE BAIE VET NIE WANT DIE DIERE HET HEELDAG IN DIE VELD RONDGEDRAF. AS JY HOU VAN DIERE WAT OP DIE NATUURLIKE MANIER GEËET EN GROOTGEWORD HET, IS WILDSVLEIS JOU ANTWOORD.

VOLSTRUISFILETSLAAI

Volstruisvleis is nogal eg Suid-Afrikaans. Dis ook nogal gesond. Terwyl ons oor gesondheid praat, stel ek voor jy bedien volstruisfilet as 'n slaai. Soos met beesvleis, moet jy volstuisfilet oor baie warm kole braai. Laat dit dan eers ordentlik rus voordat jy dit in dun repe sny. Deesdae kan jy vakuumverpakte volstruisfilette by die vleistoonbank van amper enige supermark in die land kry.

WAT JY NODIG HET

(vir 4 mense)

800 g volstruisfilette

2 sopies olyfolie

sout en peper

6 kaalperskes (of gewone perskes, mooi ryp, in die helfte gesny en die pit uitgehaal)

1 groot pakkie vars roketblare (of bronkors)

3 skywe feta-kaas (omtrent 200 g)

olyfolie (om mee te bedruip)

balsamiese reduksie (*balsamic reduction*; mens koop dit so, of balsamiese asyn, om mee te bedruip)

LAAT WAAI!

1. Bedruip die volstruisfilette met die olyfolie en rol hulle dan goed rond sodat hulle alkante met olie bedek is. Maal nou sout en peper oor die filette.

2. Gebruik 'n kwassie of jou skoon hande om ook die oopgesnyde binnekante van die kaalperskes met olyfolie te bedek.

3. Braai nou die filette oor baie warm kole, so 4 tot 5 minute aan 'n kant, haal hulle van die rooster af en laat hulle vir minstens 10 minute rus. (Die idee is nie hier om die vleis te bedien wanneer dit nog warm is nie. Jy wil vleis voorsit wat 'n lekker geur het omdat dit gebraai is.) Volstruisvleis kan jy medium-rou geniet, maar dit kan ook medium gebraai word met 'n binnetemperatuur van 70 °C. Ek sal nie verder as dit braai nie, want dan raak die vleis droog en smaakloos.

4. Verlaag nou die hitte deur die rooster hoër te stel en/of van die kole weg te krap. Braai die perskes vir omtrent 2 minute met die oopgesnyde binnekante ondertoe net om hulle 'n bietjie kleur te gee.

5. Sny die filette in baie dun repies om met die pienk binnekant te spog. Hiervoor het jy 'n baie skerp mes nodig. As jy nie een het nie, koop een of slyp jou ou mes. Slaan nou die slaai aanmekaar deur al die bestanddele saam te rangskik. Rond die slaai af deur dit met olyfolie en balsamiese asyn of balsamiese reduksie te bedruip.

EN ...

Vir 'n spesiale geleentheid, byvoorbeeld Valentynsdag, vervang jy die kaalperskes met aarbeie, want hulle werk ook lekker saam met gebraaide volstruis. As jy op enige gewone dag nie volstruisfilet vir die resep in die hande kan kry nie, gebruik net gewone beesfilet en braai dit medium-rou.

WILDSOSATIES

Hierdie is 'n lekker manier om jou wildsvleis te braai. Die marinade gee hom 'n bietjie byt en soetigheid, die lang marineertyd maak die vleis nie net sag nie, maar ook sappiger. Jy ryg die vleis saam met droëvrugte en spek op 'n sosatiestokkie. Dit dra by tot 'n baie lekker sosatie. Ek het die resep in Bela-Bela by ene Stephen gekry. Hy het 'n slaghuis wat in wildsvleis spesialiseer. Natuurlik ken hy sy storie wanneer dit by die braai van wildsvleis kom.

WAT JY NODIG HET

(vir 8 mense)

Vir die marinade:

1 sopie olie

2 uie (fyngekap)

1 sopie medium kerriepoeier

1 teelepel borrie

1 koppie gewone bruinasyn

450 g fyn appelkooskonfyt

1 bottel blatjang
(standaardgrootte)

8 wonderpeperbessies

3 naeltjies

½ sopie sout

1 heel kaneelstokkie

Om die sosaties mee te bou:

2 kg ontbeende wildsvleis
(koedoe, gemsbok, springbok, ens., in blokkies gesny)

250 g droëperskes

250 g gedroogde appelkose

1 pakkie streepspek
(in vierkante so groot soos die vleisblokkies gesny)

LAAT WAAI!

1. Verhit die olie in 'n potjie op die vuur of 'n pot op die stoof en braai die uie 'n paar minute daarin. Voeg dan die ander marinadebestanddele by. Roer deeglik, kry dit aan die kook en laat dit vir so 10 minute prut.

2. Haal die marinade van die hitte af en laat dit 'n uur of twee afkoel tot kamertemperatuur. Gooi dit in 'n groot bak en voeg dan die vleis by. Maak die bak toe en laat die vleis vir minstens 12 ure in die yskas marineer, maar verkieslik vir 2 of 3 dae. Roer die vleis elke 8 tot 12 ure om seker te maak elke blokkie het alkant ordentlik kontak met die marinade gehad.

3. Sit die sosaties aanmekaar deur die blokkies vleis saam met die blokkies spek, droëperskes en gedroogde appelkose op sosatiepenne te ryg.

4. Braai die sosaties vir omtrent 12 minute oor medium-warm kole en stel jou rooster redelik hoog. Die suiker in die marinade en die suiker in die perskes en appelkose kan gou brand, so vat dit rustig met die hitte. Ons braai nie steak nie.

KLEINKAROO-VOLSTRUISBURGER

Op die R62 deur die Klein Karoo lê drie dorpe perfek in 'n ry vir die skep van 'n streeksmaaltyd. Van die Kaap se kant af tref jy eers Ladismith en sy kaasfabriek, dan kry jy Calitzdorp met sy sy port, en laastens kom jy by Oudtshoorn met sy ryke volstruiserfenis.

WAT JY NODIG HET

(vir 2 honger mense)

1 ui

1 sopie botter

1 koppie Kaapse Robyn (*Cape Ruby Port*)

4 volstruisburgerfrikkadelle (500 g-pakkie, te koop by die meeste supermarkte)

2 hamburger-rolletjies

slaaiblare

tamatie (in skywe gesny)

100 g kaas (soos cheddar, beleë vir 3–6 maande, gerasper)

2 takkies roosmaryn

LAAT WAAI!

1. Sny die uie in ringe en soteer hulle in die botter. (As jy iets soteer, panbraai jy dit liggies.) Dit sal so 5 minute neem.

2. Gooi die port by en reduseer totdat die port heeltemal in die uie ingetrek het sodat jy 'n taai, donkerpers smoor in jou pan het. Hou dit eenkant.

3. Verf die burgerfrikkadelle met olyfolie en braai 6 tot 8 minute oor warm kole tot medium.

4. Smeer botter op die rolletjies en rooster hul binnekante op die rooster tydens die laaste 1 of 2 minute van braai.

5. Bou die burger in die volgorde: onderste helfte van die rolletjie, slaai, tamatieskywe, volstruis-frikkadel, gerasperde kaas, nog 'n burgerfrikkadel, uie, boonste helfte van die rolletjie. Hou dit met 'n roosmaryntakkie bymekaar. Stroop die takkie van al sy blaartjies, behalwe die boonste paar, en druk hom van bo na onder deur die middel van die burger. Jy kan ook 'n sosatiestokkie vir dié doel gebruik.

WILDSBOUD IN PORT

Wildsvleis gaan baie lekker saam met soeter bestanddele soos droëvrugte en port. Eerder as om tussen hulle te kies, gooi ek sommer al twee by. Die kombinasie gee jou 'n legendariese dis met 'n vleissnit wat andersins moeilik is om gaar te maak sonder om hom uit te droog.

WAT JY NODIG HET

(vir 8 mense)

Fase 1:

2 kg wildsboud met die been (maak seker dat hy in jou potjie pas; indien nie, vra jou slagter of jagter om hom in twee stukke te sny)

½ sopie gemaalde koljander

1 sopie roosmaryn (fyngekap)

5 heel naeltjies

1 heel stokkie kaneel

3 lourierblare

1 bottel port

omtrent 10–12 huisies knoffel (heel)

Fase 2:

2 sopies olie

2 uie (opgekap)

1 pakkie streepspek (gekap)

3 wortels (geskil en opgesny)

250 g gemengde droëvrugte (appelkose, appels, pruimedante, ens.)

2 sopies suurlemoensap

2 teelepels sout

1 teelepel swartpeper

LAAT WAAI!

Fase 1:

1. Sit die koljander, roosmaryn, naeltjies, kaneelstokkie, lourierblare, port en knoffel in 'n bak en meng.

2. Laat die vleis en die marinade mekaar beter leer ken in 'n groot bak (plastiek, glas of keramiek) of 'n plastieksak. Bedek die bak of verseël die sak en laat dit vir twee dae in die yskas marineer. Draai die vleis so elke 8 tot 12 ure om.

Fase 2:

1. Haal die vleis uit die yskas 'n uur voordat jy wil begin braai.

2. Terwyl die potjie op die vuur warm word, haal jy die vleis uit die marinade en vlambraai dit vinnig oor baie warm vlamme vir omtrent 3 minute aan elke kant. Dit gee die vleis 'n lekker kleur. (Moenie die marinade weggooi nie.) Haal die vleis van die vuur af en hou dit uit hiënas, honde en ander karnivore se pad.

3. Verhit die olie in die potjie oor 'n warm vuur en braai die uie en spek vir 'n paar minute tot die uie sag is en begin verbruin.

4. Sit die vleis in die potjie en gooi al die marinade wat jy in stap 2 gehou het, oor die vleis. Verhit totdat die sous begin prut, sit die deksel op en laat die potjie vir 2 ure oor lae hitte rustig voortprut.

5. As jy van plan is om onder meer pruimedante in jou dis te gebruik, moet jy nou hulle pitte uithaal (as jy dit nie reeds gedoen het nie). Anders is dit 'n gebreekte tand wat wag om te gebeur en dis nie pret as jy in die bos kamp nie.

6. Na 2 ure se geprut voeg jy die wortels, droëvrugte, suurlemoensap, sout en peper by en laat prut vir nog 1 uur (met die deksel op). Hou die temperatuur laag en egalig. As die pot droogkook, sit bietjie water by.

7. Teen dié tyd behoort die vleis al lekker sag te wees. Lig dit uit die pot en tot op 'n houtsnyplank waar jy dit in dik stukke sny. Dit behoort omtrent self uitmekaar te val.

8. Sit die vleisstukke terug in die pot en roer hulle versigtig by die sous in. Voeg nog sout by as dit nodig is. Bedien met kapokaartappels. Dit gaan lekker wees ... en dis die storie.

EN ...

As jy meer sous in jou pot wil hê voor jy die stukke vleis weer terugsit, voeg jy net 'n koppie beesaftreksel by die sous en kry dit aan die kook. Kook vir so 2 minute en verdik dit dan effens met 'n halwe sopie opgeloste mielieblom. (Oor hoe om mielieblom klontvry in te meng, sien onderaan bladsy 124.) Roer die sous en kry dit aan die prut, voeg nou die vleis by die sous en bedien.

ANDER LEKKER DINGE

ALLES PROE BETER WANNEER DIT GEBRAAI IS.

STOKBROOD

Jy het teen dié tyd seker al agtergekom ek glo jy kan braai op meer as net 'n rooster. Ons kan dit ook in potjies en panne doen ... of op 'n stok. Stokbrood-braai is 'n lekker gesinsaktiwiteit. Toe ek klein was het ons dit gereeld gedoen tydens kampwegbreke in die Sederberge. Nie net hou dit die kinders besig nie, maar dit stel hulle ook bloot aan sommige van die basiese braaibeginsels: gebruik matige hitte en draai gereeld om sodat die binnekant reg is voordat die buitekant brand. My gunsteling-vulsels vir stokbrood is varsgebraaide boerewors (in my eerste een) en botter en gouestroop (in die tweede een).

WAT JY NODIG HET

(lewer 8–10 stokbrode)

1 kg koekmeel

10 g kitsgis (1 pakkie)

1 sopie suiker

½ sopie sout

omtrent 2½ koppies water (effe warm)

2 sopies olyfolie

skoongewaste stokke (besemstok se dikte)

LAAT WAAI!

1. Gooi die meel, gis, suiker en sout in 'n baie groot mengbak en meng deeglik.

2. Voeg die olie sowel as net meer as 2 koppies water by (ek het gewoonlik so 550 tot 600 ml nodig) en meng deeglik met jou hande tot 'n sagte deeg. Begin met 2 koppies en voeg dan nog by as die mengsel te droog is. Hou aan meng totdat jy 'n bol deeg het.

3. Sit die bol deeg op 'n plat oppervlak (houtbord, tafelblad, kombuistoonbank, enjinkap van jou bakkie) en knie vir omtrent 5 minute totdat die deeg glad, rekbaar en een plooibare stuk is. Moenie nog meel bysit nie, behalwe as die deeg regtig baie taai is – jy sal sien die tekstuur verander gewoonlik nogal vinnig van taai na rekbaar terwyl jy knie.

4. Sit die deeg terug in die mengbak en bedek met 'n klam kombuisvadoek of kleefplastiek. Laat dit vir omtrent 30 minute so rys tot die volume verdubbel het.

5. Wanneer dit reg is, keer die deeg om op 'n oppervlak (houtbord, tafelblad, kombuistoonbank, enjinkap van jou bakkie) waarop jy 'n bietjie meel gestrooi het, en knie dan 'n paar keer net om van die lug uit te pers (soos die Sprinkbokke se voorry maak wanneer hulle teen die Aussies skrum).

6. Deel die deeg in 8 tot 10 bolle en rol elkeen dan uit in 'n lang wors van 30 tot 40 cm.

7. Begin by die punt van die stok en heg die een end van 'n stuk deeg daaraan. Druk dit 'n bietjie vas sodat dit nie te maklik kan loskom nie. Rol nou die deeg van die bopunt af om die stok totdat jy aan die einde van die stuk deeg kom. Druk die end weer vas sodat dit nie sal loskom nie. (As jy nie genoeg stokke het nie doen jy dié deel en die volgende deel in sarsies.)

8. Jy kan nou die stokbrood braai of jy kan die stokke met die opgerolde deeg regop laat staan vir 'n paar minute om nog te rys. Wanneer jy braai, doen dit op medium-warm kole vir 15 minute en draai die stokbrode gereeld om totdat hulle 'n mooi bruin skynsel het. As jou arms moeg raak, is daar allerhande kreatiewe maniere, wat kinders en klippe insluit, om jou stokbrood op sy eie staan te maak.

9. Wanneer die stokbrood maklik van die stok af kom, is hy reg. Haal af en bedien.

EN ...

Jy kan nuwe stukke hout vir jou stokbrood by die naaste tak van 'n hardewarewinkel koop. Vra dat hulle die hout opsaag in een-meter-lange stukke, 'n veilige lengte wat sal sorg dat alle braaiers se wenkbroue darem nie skroei nie. Andersins kan jy na die naaste tak van jou plaaslike woud gaan en daar 'n paar dooie takke van 'n boom afbreek.

GEBRAAIDE BOTTERSKORSIESOP

Dit is nou maar net 'n feit, gebraaide botterskorsiesop smaak beter as gewone botterskorsiesop, want hy kry nóg geur by wanneer jy die botterskorsie en uie oor die kole braai voordat hulle in die sop kom. Ek reken die hoofrede dat alle top-restaurante nie hulle botterskorsiesop so maak nie, is omdat hulle nie braaigeriewe het nie.

Wanneer die groente gaar is, het jy net 'n aartappeldrukker nodig om die inhoud van die potjie in sop om te tower. By die huis kan jy sommer 'n staafmenger gebruik; dit sal die sop 'n gladder tekstuur gee.

WAT JY NODIG HET

(vir 6 tot 8 mense)

1,5 kg botterskorsie (2, 3 of 4 botterskorsies, afhangend van hul grootte)

1 groot ui

1 liter hoenderaftreksel (of watter ander aftreksel jy ook al byderhand het)

½ teelepel gedroogde tiemie (of 1 teelepel vars, fyngekapte tiemie)

½ teelepel sout

½ teelepel swartpeper

1 koppie room (250 ml-houertjie)

vars brood en botter vir opdis (opsioneel)

LAAT WAAI!

1. Skil die botterskorsie en sny in skywe van omtrent 2 cm dik. Krap die pitte en vesels met 'n lepel uit die binneholte. Sny die ui middeldeur sonder om hom te skil.

2. Rooster die botterskorsie en die ui op 'n oop rooster of in 'n toeklaprooster oor die kole vir 5 tot 10 minute. Jou doel is nie nou om die groente heeltemal gaar te maak nie, jy wil net die oppervlak 'n bietjie skroei.

3. Wanneer die groente reg is, sit jy dit in 'n bak. Skil die ui, sny die punte af en kap hom op.

4. Kook die water vir die aftreksel in jou potjie en meng dit volgens die instruksies op die pakkie. As jy genoeg selfvertroue het, doen stappe 2 en 4 gelyktydig.

5. Sit die botterskorsie, ui en tiemie by die aftreksel en kry dit aan die kook. Sit die deksel op en kook vir tussen 15 en 30 minute tot die botterskorsie heeltemal sag is en begin verbrokkel. Loer nou en dan in die pot om seker te maak dat die groente kook, maar nie aanbrand nie.

6. Haal die potjie van die kole af. Gebruik 'n gewone aartappeldrukker (of 'n elektriese staafmenger) en omskep die potjie se inhoud in sop. Voeg sout en peper by.

7. Meng die room by en roer deeglik – die sop moet dik wees, maar nie te dik nie. As joune te dik is, voeg nog 'n bietjie water by totdat jy tevrede is met die tekstuur.

8. Sit die potjie weer naby die vuur om die sop warm te hou totdat jy wil opskep.

EN ...

Jy kry bonuspunte as jy die sop saam met varsgebraaide roosterkoek bedien (sien bladsy 160).

JONG AARTAPPELTJIES MET KNOFFEL, BOTTER EN ROOSMARYN

Dié jong aartappeltjies pas mooi by die karakter van die boek – hulle is baie maklik om voor te berei, maar lyk indrukwekkend en smaak heerlik. Ek kook hulle eers, en dan braai ek hulle met heel knoffelhuisies in botter en roosmaryn. Terwyl die aartappeltjies braai, druk jy teen hulle sodat hulle effe oopbars om die botter en ander geure in te trek. Alles gebeur in dieselfde pot, so jou skottelgoed is min.

WAT JY NODIG HET

(vir 6 mense as bykos)

1 kg jong aartappeltjies (gewas)

100 g botter
('n vyfde van 'n 500 g-blok)

1 sopie olyfolie

roosmaryn ('n takkie of drie)

al die huisies van een knoffelbol (afgeskil en heel)

1 teelepel sout

1 teelepel swartpeper

LAAT WAAI!

1. Kook die aartappels in soutwater vir omtrent 15 minute tot sag (toets met 'n mes of vurk).

2. Haal die pot van die kole af en gooi die water af (maar los die aartappels in die pot). Sit die pot terug op die vuur en voeg die botter, olyfolie, roosmaryn, knoffel, sout en peper by.

3. Roer tot al die botter gesmelt het en verhit dan verder tot die aartappels begin braai in die botter. Gebruik 'n aartappeldrukker, die agterkant van 'n houtlepel of die boom van 'n wynbottel en druk versigtig op elke aartappeltjie tot hy net so effens oopbars en die geur van die botter begin intrek. Kook vir omtrent 10 tot 15 minute totdat die aartappels en die knoffel goudbruin en bros is.

4. Ek hou daarvan om die gereg direk uit die pot op te dis, want die potjie behou sy hitte en hou die aartappels ook lekker warm.

EN ...

Ek het 'n tipe liefde-haat-verhouding met roosmaryn. Hy gaan lekker saam met sommige geregte soos hierdie een, en dan móét jy hom bysit. Uit ervaring weet ek egter dat kos dikwels bederf word deur te veel roosmaryn. Ek kan net raai, maar ek dink dit is omdat roosmaryn die een krui is wat maklik en met mening in die meeste Suid-Afrikaanse tuine groei. Amateur-botaniste wat met die meeste ander plante misluk, sien hoe hul roosmaryn gedy. Hulle is dan so trots op die een suksesverhaal in hul kruietuin dat hulle daarmee wil spog wanneer hulle ook al kans kry. Hanteer hom dus met omsigtigheid, jy is gewaarsku!

ROMERIGE KNOFFELSAMPIOENE OP ROOSTERBROOD

Ek is 'n groot ondersteuner van sampioene, knoffel en room op hul eie. Saam gee hulle 'n besonderse smaak of, soos Aristoteles sou sê, 'die geheel is groter as die som van sy dele'. Dit is 'n lekker voorhappie of bykos en is ook 'n treffer om die laataand 'atmosvuur' wanneer jy 'n tweede keer braai.

WAT JY NODIG HET

(vir 4 tot 6 mense as peuselhappie)

2 sopies botter

1 sopie olyfolie

1 ui (gekap)

4 huisies knoffel (fyngekap)

500 g heel sampioene (bruin sampioene, knopiesampioene of enige mengsel van lekker sampioene)

1 takkie tiemie (stingel uitgehaal)

1 teelepel sout

½ teelepel swartpeper

1 koppie room (250 ml-houertjie)

snye brood (gerooster; opsioneel, om mee te bedien)

1 sopie fyngekapte pietersielie (opsioneel, om mee te bedien)

LAAT WAAI!

1. Verhit die olie en die botter in 'n groot vuurvaste pan of potjie op 'n warm vuur, voeg die gekapte ui by en braai tot baie sag en bruin om die rande. Dit sal so 5 minute neem, maar dit sal afhang hoe sterk die hitte is.

2. Voeg die knoffel, sampioene en tiemie by. Braai tot die sampioene sag en bruin raak (jou pan moet baie warm wees, so moenie bang wees om 'n paar vlamme onder hom te hê nie). Aanvanklik kan dit dalk sukkel om al die sampioene in die pan te kry, maar hulle sal krimp namate hulle gaarword.

3. Maal sout en peper oor, gooi die room by en kry die mengsel aan die kook. Laat die room vir 'n paar minute prut terwyl jy gereeld roer, tot die sous dik is. (Dit sal effens donkerder raak en 'n grys skakering soos die sampioene kry.) Jou tydsberekening is nogal belangrik: Jy moet die potjie of pan van die vuur afhaal wanneer die sous dik is, maar voordat te veel daarvan weggekook het. As jy nie tyd het om die hele koppie room te reduseer nie, gebruik net 'n halwe koppie, maar weet dat die ete nie heeltemal so lekker sal wees nie.

4. Gebruik 'n groot lepel om die romerige sampioene op die geroosterde brood te skep en bedien dadelik saam met fyngekapte pietersielie.

EN ...

1. Die gehalte van die brood wat jy gebruik het 'n direkte impak op die eindresultaat en hoeveel jy die gereg geniet. Deesdae het ons 'n wye verskeidenheid lekker brode in Suid-Afrika. Vergeleke met vleis is spesialis-brode redelik goedkoop, so koop die beste een wat jy kan kry. As jy effe onseker voel oor watter een om te koop, vra vir 'n suurdeegbrood. (*Bunny Chow* (bladsy 94) is die uitsondering; daarvoor is jy veronderstel om 'n gewone, vars, wit supermarkbrood te gebruik.)

2. Wanneer jy braaikos saam met 'n sny brood voorsit, wil jy die brood aan die een kant botter en dit oor medium kole tot goudbruin rooster tydens die laaste paar minute van jou braai. Die idee is om dit saam met die res van die maaltyd reg te hê.

3. Jy kry bonuspunte as jy enige van die braaigeregte in die boek wat ek saam met brood aanbeveel, met roosterkoek geniet (bladsy 160). Ek gaan dit nie op elke bladsy noem nie, want dan beledig ek mos jou intelligensie.

KAAS-FONDUE

Daar is natuurlik geen rede om duur fondue-toerusting te koop om 'n tradisionele kaas-fondue te geniet nie. Maak eenvoudig die sous in een van jou kleiner potjies op die vuur. Sodra dit reg is, kan jy jou fondue net daar geniet. Skuif die potjie van die vuur af weg en sit 'n paar kole onder hom om die kaassous warm en vloeibaar te hou.

WAT JY NODIG HET

(vir 4 mense as hoofgereg)

1 wig brie-kaas (omtrent 125 g)

1 wiel camembert-kaas (omtrent 125 g)

1 blok cheddar-kaas (omtrent 150 g)

1 blok gruyère-kaas (omtrent 150 g)

½ sopie mielieblom (maizena)

1 huisie knoffel (afgeskil, maar heel)

1 koppie witwyn

1 sopie brandewyn

1 groot brood, opgesny in hapbare stukke (gebruik 'n lekker suurdeegbrood of 'n baguette)

LAAT WAAI!

1. Sny die korse van al die kaas af. Sny die sagte kase (brie en camembert) in blokkies en rasper die harde kase. Strooi die mielieblom oor die kaas en rol dit rond. Jy wil hê die kaas moet 'n dun lagie mielieblom op hê.

2. Vryf die binnekant van 'n klein-tot-middelslag potjie met die knoffelhuisie.

3. Sit die potjie op die kole of vlamme. Gooi al die wyn in die potjie en kry hom aan die prut.

4. Voeg al die kaas op een slag by die borrelende wyn. Roer aanhoudend terwyl die kaas smelt.

5. Sodra jy 'n gladde sous het, roer jy die sopie brandewyn by. Haal die potjie van die vuur af en hou die sous warm met kole onder die potjie.

6. Gebruik sosatiestokkies of braaivurke om die brood in die sous te doop.

EN ...

Jy kan ook gekookte jong aartappeltjies, kersietamaties, agurkies of blokkies oorskiet-braaivleis, soos steak, in die sous doop.

Die tradisionele Switserse fondue-resepte vereis dat jy 'n kersielikeur, Kirsch, daarin gebruik. Maar ons is in Suid-Afrika en ons maak fondue op die vuur, so natuurlik behoort jy eerder brandewyn te gebruik. Ek het al 'n paar keer in Switserland fondue gehad en ek glo eerlikwaar hierdie weergawe smaak beter.

SPANAKOPITA

Spanakopita, 'n klassieke Griekse gereg, kan jy met groot sukses braai deur matige kole en 'n toeklaprooster te gebruik. Dis seker nie nodig om te noem nie, maar jy bedien die spanakopita saam met gebraaide Griekse lamsboud en Griekse slaai (sien *Vuurwerke* vir albei die resepte). Opa!

WAT JY NODIG HET

(vir 6 tot 10 mense)

1 sopie olyfolie

1 ui (fyngekap)

600 g spinasie (ek verkies babaspinasie)

200 g feta (omtrent 3 skywe)

4 eiers (liggies geklits)

1 teelepel sout

1 teelepel swartpeper

2 pakkies skilferkorsdeeg (400 g elk, ontdooi)

LAAT WAAI!

1. Spinasie het gewoonlik nog sand in. Spoel dit deeglik af om van al daardie sand ontslae te raak en skud dan al die water af. Kap nou die spinasie op met jou skerpste, nuutste en blinkste mes.

2. Gebruik jou grootste pan en braai die ui in die olie tot sag en goudbruin. Gooi nou die spinasie by. Aanvanklik sal dit heelwat volume hê en dalk sukkel om in die pan te pas, maar dit sal vinnig krimp soos dit begin gaarword en verlep. Laat dit so 'n paar minute kook totdat die meeste van die water wat deur die spinasie vrygestel is, afgekook het. (As jy 'n stoof het, kan jy dié hele stap maar op hom doen. Die spanakopita sal later in elk geval sy braaigeur kry.) Haal van die hitte af en gooi die gebraaide uie-en-spinasiemengsel in 'n groot mengbak.

3. Krummel die feta in die mengbak en voeg dan die eiers, sout en peper by. Meng deeglik.

4. Rol die skilferkorsdeeg oop en strooi elke vel liggies met meel aan die een kant – die kant wat aan die buitekant gaan wees. Dit sal keer dat die deeg aan die rooster vassit. Indien jy nie meel byderhand het nie, kan jy ook maar net die rooster liggies olie. Sit een vel versigtig aan die binnekant van 'n toeklaprooster. Skep die vulsel op en versprei dit egalig oor die deeg, maar los 2 cm aan die kante oop, amper soos die kantlyn van 'n rugbyveld. Verf die rand met 'n bietjie water. Sit nou die tweede vel bo-op die een met die vulsel. Gebruik jou hande of 'n vurk se plat tande om die rande versigtig aan mekaar vas te druk sodat dit seël (die water help dat die velle deeg aan mekaar kleef). Steek met 'n mes of vurk 'n paar klein gaatjies in die pastei sodat hy stoom kan vrystel terwyl hy bak.

5. Knyp die rooster versigtig toe en braai die spanakopita op medium kole met die rooster redelik hoog gestel vir omtrent 20 tot 25 minute totdat die deeg goudbruin en gaar is. Moenie te vinnig braai nie, want dan is daar 'n goeie kans dat jy die kors sal verbrand. Terwyl jy braai, lig jy die boonste helfte van die rooster telkens effens op, weg van die oppervlak van die deeg af, om te keer dat die deeg deur die rooster se gate rys.

6. Wanneer hy reg is, haal jy die pastei versigtig van die rooster af en sit hom op 'n houtsnyplank. Sny in vierkante of driehoeke.

UMNGQUSHO (STAMPMIELIES)

***Umngqusho* is 'n tradisionele Xhosa-gereg van stampmielies en bone – een van Nelson Mandela se gunstelinge en die perfekte bykos by enige braaivleis. Stampmielies moet oornag in water week, so onthou om die dag voor jou braai al te begin.**

WAT JY NODIG HET

(vir 8 tot 10 mense)

500 g stampmielie-en-bone-mengsel

omtrent 4 liter water

1 ui (fyngekap)

2 wortels (opgesny)

2 aartappels (geskil en opgesny)

1 blikkie opgekapte tamaties

125 g uiesoppoeier (bruin of wit)

1 teelepel sout (opsioneel)

1 koppie cheddar-kaas (gerasper)

LAAT WAAI!

1. Week die stampmielies en bone oornag in 1 liter water. Gooi die water die volgende oggend af en spoel die stampmielies en bone deeglik af.

2. Voeg die geweekte stampmielies en bone by 3 liter vars water (sonder sout) in 'n groot pot. Kry dit aan die borrel en laat dit kook vir 2 ure tot amper sag. Reguleer die hitte deur kole en vlamme by te voeg of weg te krap sodat dit nie te vinnig kook nie, maar jy het 'n bietjie meer hitte nodig as vir die rustige prut van 'n beesstertpotjie. Kom ons noem dit 'n matige geprut. As dit lyk of die potjie te droog raak, gooi jy 'n bietjie water by.

3. Gooi die uie, wortels, aartappels en tamaties by en laat dit vir nog 30 minute prut of totdat die aartappels sag is. Die watervlak moet jy net-net kan raaksien so tussen die stampmielies en bone deur.

4. Roer die uiesoppoeier rustig in totdat dit goed gemeng is. Laat prut sonder die deksel vir nog 5 tot 15 minute totdat die meeste van die vog verdamp het en jy 'n dik, heilsame mengsel het.

5. Proe aan die *umngqusho* – as jy dit meer souterig wil hê, voeg 'n bietjie sout by. Sommige uiesoppoeiers is baie sout, so proe maar eers.

6. Haal dit van die vuur af en roer die kaas by. Laat staan vir 5 minute en bedien.

EN ...

Moenie die gereg onderskat nie; dit is regtig lekker. Bedien dit as 'n bykos wanneer jy aan die potjiekos-kompetisie by jou naaste sportklub deelneem – dit sal jou in 'n ander liga sit as die ouens wat rys voorsit.

JOU EIE TUISGEMAAKTE BRAAISOUT

As braaikoning van jou agterplaas sal jy een of ander tyd jou eie braaisout wil begin meng. Dit gebeur dalk op een van daardie dae dat Bafana, die Springbokke en die Proteas op dieselfde dag speel en jy dik is daarvoor om vir die sewende keer in sewe ure jou vleis met dieselfde winkelbraaisout te eet, of dalk gebeur dit sommer nou terwyl jy die boek lees.

Gebruik die resep en die bestanddele hieronder as 'n breë riglyn eerder as 'n vaste lys. Sien dit as 'n wegspringplek vir jou reis. Speel rond met die hoeveelhede, los iets uit, voeg iets anders by. Laat ek nou maar die absoluut voor-die-hand-liggende sê: As jy meer van iets bysit, gaan die mengsel meer daarna smaak, en as jy minder bysit, gaan die mengsel nie so sterk daarna smaak nie. Gewone supermarkte verkoop al die speserye sommer klaar fyngemaal, wat dit maklik maak om te meng. As daar iets is wat jy nie kan kry nie, gaan na 'n spesialis-speserywinkel toe.

WAT JY NODIG HET

(maak amper ½ koppie braaisout)

1 sopie sout (ek hou van goeie-gehalte soutvlokkies wat ek self fyndruk)

½ sopie gemaalde swartpeper

½ sopie paprikapoeier

½ sopie fyngedrukte knoffelpoeier

½ sopie gemaalde koljander

1 teelepel rooipeper (of brandrissiepoeier)

1 teelepel gemaalde komyn

1 teelepel gemaalde naeltjies

1 teelepel gemaalde neutmuskaat

1 teelepel gemaalde wonderpeper (ook genoem Jamaika-peper of pimento)

LAAT WAAI!

1. As sommige van die bestanddele te groot of te grof is, ry gou 'n draai met hulle in jou koffiemeul of gee hulle 'n bietjie aandag met jou stamper en vysel.

2. Sit al die bestanddele in 'n fles, knip die deksel vas en skud met mening. Gebruik soos nodig om steak, tjops of hoender te sout. Die soutmengel werk ook lekker om groot vleissnitte soos beesborsstuk of varklies mee in te vryf.

3. Mettertyd kan jy verskillende mengsels vir verskillende vleissoorte ontwikkel. Vir hoender moet jy miskien die naeltjies en neutmuskaat laat gaan en pietersielie byvoeg. Dalk sal jou braaisout ook 'n bietjie mosterdpoeier inhê wanneer jy vark braai. Maar dan sal jy een van die ander bestanddele moet uitskop, want daar is klaar tien – so 'n mooi ronde getal. Wie wil nou sy braaisout meng met elf kruie en speserye in?

EN ...

Jou kreatiwiteit hoef nie te stop met die kies van die bestanddele nie. Jy kan dalk ook 'n bietjie tyd of geld daaraan bestee om 'n netjiese glashouer of 'n soutstrooier van vlekvrye staal aan te skaf waarin jy jou eie tuisgemaakte braaisout kan bêre.

OUNCES

CANNELLONI

Hierdie is 'n klassieke Italiaanse resep wat ek aangepas het om by ons braaitoestande te pas. Al het die dis 'n hele klompie komponente, kan jy dit gelukkig alles voor die tyd doen en net die (byna) finale produk op die vuur sit so 30 minute voordat jy wil opskep. Dit beteken jy kan laaste by die potjiekoskompetisie opdaag, maar eerste klaarmaak (en eindig). By die huis kan jy ook hulp kry by ander lede van die gesin met 'n paar dele van die voorbereiding, byvoorbeeld om die pannekoek te bak (bladsy 194) en die bolognese-sous te maak (bladsy 20).

WAT JY NODIG HET

(vir 4 tot 6 mense)

4 koppies (1 liter) **pomodoro-sous** ('n spesiale tamatiesous wat jy in die meeste supermarkte kry, weggesteek op 'n rak saam met die meeste ander nie-bederfbare tamatieprodukte, gewoonlik naby pasta-noedels)

bestanddele vir een kooksel bolognese-sous (sien bladsy 20, maar laat die opsionele room weg)

bestanddele vir een baksel pannekoek (sien bladsy 194)

½ koppie room

sout en varsgemaalde swartpeper

1 koppie gerasperde mozzarella-kaas (omtrent 100 g)

½ koppie gerasperde parmesan-kaas (omtrent 50 g)

LAAT WAAI!

1. Gooi 1 koppie van die pomodoro-sous onder in jou groot platboompotjie en versprei dit egalig. Jy gaan 'n laag pomodoro-sous met 'n laag pannekoek afwissel.

2. Sit die vulsel in jou pannekoeke: Gooi so 2 tot 3 sopies bolognese-sous op elke pannekoek en rol hom op. Pak die opgerolde pannekoeke teen mekaar in die pot. As hulle nie aan die kante inpas nie, sny 'n paar in die helfte. Hulle moet soos 'n blik sardientjies ingeryg lê. Gooi nog 'n koppie pomodoro-sous oor en pak dan nog 'n laag pannekoeke totdat al die pannekoeke en vulsel op is. Hoeveel jy inpas, sal afhang van die deursnit van jou potjie. Los plek vir die kaas bo-op – die deksel moet nie aan die kos raak nie.

3. Bedek die boonste laag van die cannelloni met pomodoro-sous, gooi die room oor en bestrooi met sout en peper. Strooi die mozzarella- en parmesan-kaas oor.

4. Sit die potjie op 'n lagie medium-warm kole en pak genoeg warm kole op die deksel sodat die boonste laag cannelloni ook kan bak. Bak vir so 30 tot 40 minute, totdat die cannelloni warm en aan die borrel is en die kaas gesmelt en goudbruin is.

KOOLSLAAI MET ASYN

Asyn-gebaseerde koolslaai is die klassieke bykos vir gebraaide vark. So, as 'n kundige braaier, behoort jy die resep te ken. Ek verkies 'n mengsel van rooi en groen kool – dit gee kleur aan jou bord.

WAT JY NODIG HET

(vir 6 mense as bykos)

3 sopies rooiwynasyn

1 sopie suiker

1 teelepel sout

½ teelepel swartpeper

1 teelepel mosterd

1 klein rooi koolkop (gewas en fyngekerf)

1 klein groen koolkop (gewas en fyngekerf)

2 groot wortels (geskil en gerasper)

4-6 grasuie (opgekap)

LAAT WAAI!

1. Maak die slaaisous in 'n klein mengbak deur die asyn, suiker, sout, peper en mosterd saam te meng. Jy kan ook die bestanddele in 'n skoon glasbottel gooi, die deksel opsit en dit skud.

2. Sit die opgesnyde kool en grasuie in 'n groot slaaibak. Gooi die slaaisous oor en meng deeglik. Bedien as bykos saam met gebraaide vark.

KOOLSLAAI MET WORTEL EN MAYONNAISE

Hierdie is 'n klassieke bykos vir braaikos en behoort deel van jou mondering te wees. Dis besonder veelsydig – lekker saam met braaihoender en wonderlik saam met varknek-steakburgers. Dit vul selfs die kruiesmaak van boerewors aan, so sit 'n bietjie by jou volgende boereworsrol en maak hom so luuks dat jy enigiemand daarmee kan beïndruk.

WAT JY NODIG HET

(vir 6 mense as bykos)

1 middelslag koolkop (groen of rooi, fyngekerf)

2 groot wortels (geskil en gerasper)

1 koppie mayonnaise (of slaairoom)

1 sopie suurlemoensap

1 sopie suiker

1 teelepel Dijon-mosterd

'n bietjie sout en peper (om mee te geur)

LAAT WAAI!

1. Gooi al die bestanddele in 'n groot mengbak en meng deeglik. Dis al!

2. Bedek die bak en sit in die yskas tot jy reg is om op te skep. Die slaai kan 'n dag vantevore gemaak word, want die geur raak eintlik oornag beter.

EN ...

As dit vir jou te maklik was, kan jy 'n klompie rosyne en opgekapte pekanneute by die mengsel gooi.

GEKRUIDE AARTAPPELSOP MET CHORIZO

As jy in ag neem dat dit nie vleis is nie, kry jy aartappels nogal gereeld by 'n braai. As jy stukke Spaanse chorizo (of gerookte spek as jy nie chorizo in die hande kan kry nie) byvoeg, het jy nog 'n lekker rol vir aartappels by 'n braai: as 'n sop. Jy maak die sop in 'n potjie langs jou hoofvuur en dit word deur 'n paar kole of klein stompies verhit. Dus kan jy die sop as 'n voorhappie geniet terwyl jy wag dat die vuur uitbrand en kole vir jou braai maak.

WAT JY NODIG HET

(vir 6 tot 8 mense as 'n voorhappie)

1 stuk chorizo
(omtrent 200 g, of gerookte spek)

1 pakkie/bossie preie
(*leeks*, omtrent 300 g, deeglik gewas en fyn opgesny)

6 groot aartappels
(geskil en in stukke gesny. Ja, hier móét jy die aartappels skil)

4 koppies hoender- of groenteaftreksel

1 koppie room (250 ml-houertjie)

½ koppie gerasperde parmesan-kaas

1–2 teelepels sout

1 teelepel swartpeper

LAAT WAAI!

1. Haal die chorizo se omhulsel af, sny hom in klein stukkies en braai in jou potjie op die kole of oor matige vlamme. Die wors is reg wanneer dit mooi bruin is, maar nie te donker nie. Haal dit uit die pot en hou eenkant. Los al die olie wat uit die wors gebraai het, in die pot.

2. Sit die preie in die pot en braai tot sag, nes jy uie sou braai.

3. Voeg die aartappelstukke en aftreksel by en kry aan die kook. Kook vir so 30 tot 40 minute tot die aartappel heeltemal sag is en uitmekaar begin val. Jy kan die pot oop los, of die deksel halfpad opsit.

4. Haal die pot van die vuur af en verwerk die inhoud met 'n staafmenger of aartappeldrukker tot 'n gladde, dik sop. (Met laasgenoemde is die sop nie so glad nie, maar dit smaak omtrent dieselfde.) Roer die room, parmesan-kaas, sout en peper by en meng deeglik.

5. Sit die pot terug op die vuur en verhit (maar moet dit nie laat kook nie) tot jy reg is om op te dis.

6. Garneer elkeen se sop met 'n paar stukke chorizo.

EN ...

Moenie dat die eenvoudige bestanddele en stappe van die resep jou mislei nie. Ek voorspel dat dit onder die gunstelinge van baie gebruikers van die boek sal tel as hulle dit eers geproe het.

ROOSTERKOEK

Hierdie is die enigste resep uit my eerste boek, *Vuurwerke,* wat ek in hierdie boek herhaal. Ek doen dit omdat roosterkoek koning kraai by menige braai en omdat daar talle resepte in *Vuurwarm* is wat lekker saam met roosterkoek gaan. Bedien sop en potjies met roosterkoek; gebruik roosterkoek in plaas van broodrolletjies in enige van die burgerresepte. Trouens, elke keer wat ek aanbeveel dat jy brood saam met 'n braaigereg bedien, kan jy vir jou bonuspunte bymekaarmaak deur eerder roosterkoek voor te sit.

WAT JY NODIG HET

(lewer 12 roosterkoeke van billike grootte)

1 kg koekmeel (soos die koekdeel van die naam roosterkoek impliseer, werk koekmeel die beste, maar witbroodmeel sal ook werk as dit al is wat jy het)

10 g kitsgis (die gis kom in 10 g-pakkies, dus 1 pakkie)

1 sopie suiker

½ sopie sout

louwarm water in 'n beker (jy sal so net meer as 2 koppies water nodig hê)

2 sopies olyfolie

LAAT WAAI!

1. Sif die meel in 'n bak wat minstens drie keer die volume van 1 kg meel het, verkieslik selfs groter. As jy in die middel van die bos is en nie 'n sif by jou het nie, ignoreer die siwwery en gooi bloot die meel in 'n bak wat groot genoeg is.

2. Voeg die gis en suiker by die meel en krap die inhoud rond met jou skoon hand. Voeg nou die sout by en meng deeglik ('n dubbelsinnige woord in die konteks).

3. Voeg die louwarm water bietjies-bietjies by terwyl jy knie. Sodra daar nie meer droë meel oor is nie, het jy genoeg water bygevoeg. Wees versigtig om nie te veel water by te voeg nie, want dan sal die deeg te pap wees en deur die rooster val. Roosterkoek wat deur die rooster val, is 'n treurige affêre. Vir 1 kg het ek gewoontlik so entjie anderkant 2 koppies water nodig.

4. Wanneer jy dink jy het genoeg water in, voeg jy die twee sopies olyfolie by.

5. Knie die deeg ordentlik vir omtrent 10 minute sodat dit glad nie meer aan jou vingers vassit nie. Dit moet 'n enkele, plooibare stuk deeg wees.

6. Bedek die bak met 'n klam kombuisvadoek of kleefplastiek en laat dit op 'n warm plek staan vir 10 minute.

7. Haal die vadoek of kleefplastiek af en knie die deeg weer vir 'n minuut of twee.

8. Bedek weer en laat dit vir minstens 30 minute rys.

9. Gebruik jou skoon hande om die deeg op 'n meelbestrooide tafelblad of plank plat te druk sodat hy min of meer 'n vierkant of reghoek vorm. Strooi ook meel bo-op die deeg.

10. Sny die deeg in stukke met 'n skerp mes en laat hulle vir 'n paar minute rys.

11. Sit die roosterkoek versigtig op die rooster met genoeg spasie tussenin dat die roosterkoek na hartelus verder kan rys terwyl hy gaarword. Bak oor baie matige kole vir omtrent 20 minute en draai gereeld om. 'n Roosterkoek is reg as hy hol klink wanneer jy op hom tik. Jy kan ook toets vir gaarheid deur die lem van jou sak- of veeldoelige knipmes deur die kors te steek. As hy skoon uitkom, is die roosterkoek reg.

EN ...

Sommige supermarkte verkoop vars deeg. As jy daarvan gekoop het, begin jou roosterkoek by stap 9 maak.

As jy nog nooit in jou lewe deeg gemaak het nie, is dit nie 'n verleentheid om iemand met 'n bietjie meer ervaring te vra om jou te wys wat dit beteken om te knie tot 'n 'enkele plooibare stuk deeg' nie.

MACARONI-EN-KAASPOTJIE

Daar is mense wat na sommige maaltye verwys as trooskos. Dis vreemd, want die meeste kos troos my gewoonlik as ek nie lekker voel nie. Tog laat sommige etes 'n mens nog beter voel as ander en 'n macaroni-en-kaaspotjie is een van hulle. Jy kan dit as hoofgereg bedien of as indrukwekkende bykos saam met vleis soos steak, lam of hoender. Wanneer jy dit as 'n bykos by braaivleis bedien, kan jy gerus ook 'n vars groen slaai opdis om die maaltyd af te rond.

WAT JY NODIG HET

(vir 8 mense as bykos of 4 mense as hoofgereg)

500 g macaroni

water en sout
(om die pasta in te kook)

'n bietjie olyfolie

2 sopies botter

2 sopies koekmeel

4 liter melk (4 koppies)

400 g beleë cheddar-kaas
(gerasper)

1 opgehoopte teelepel Dijon-mosterd

1 teelepel sout

1 teelepel swartpeper

'n klein bietjie gemaalde neutmuskaat (opsioneel)

LAAT WAAI!

1. Gooi 'n halwe sopie sout by 4 koppies water en kry dit aan die kook op 'n warm vuur in 'n potjie wat groot genoeg is. Voeg al die macaroni by die borrelende water en kook vir presies 7 minute. Die noedels sal nog effens rou wees, maar sal later gaar word wanneer dit in die sous bak. Dreineer die pasta en bedruip dit met 'n bietjie olyfolie om te verhoed dat die macaroni-noedels aanmekaar vassit.

2. Sit die leë potjie weer op die vuur (nie te warm nie), voeg die botter by en wag tot dit smelt. Voeg die meel by en roer vir omtrent 1 minuut.

3. Voeg nou die melk bietjies-bietjies by terwyl jy voortdurend roer. Jy sal sien dat die mengsel eers swel en al die melk absorbeer wat jy bygooi en dan mettertyd in 'n sous verander namate jy meer melk byvoeg. As jy die melk te vinnig bygooi, gaan jy klonte kry. As jy sien die sous maak klonte, moet jy hulle eers met mening by die res van die mengsel inroer voor jy nog melk byvoeg.

4. Wanneer jy al die melk bygegooi het, kry jy die sous rustig aan die prut, voeg die kaas, mosterd, sout en peper (en neutmuskaat) by, en roer deeglik.

5. Voeg die gekookte macaroni by die sous en roer dit om die pasta daarmee te bedek. Haal die potjie van die vuur af en sit die deksel op tot jy opskep. Die pot sal sy hitte vir 'n paar minute hou, wat jou genoeg tyd gee om steak op baie warm kole te braai. Voordat jy die pasta opskep, gee dit nog 'n vinnige roer.

6. As jy nog ekstra kaas het, gooi die gerasperde kaas bo-op die macaroni in die potjie. Sit die deksel terug op die potjie en smelt die kaas deur kole bo-op die potjie se deksel te plaas.

EN ...

Vir bonuspunte kan jy repies spek op 'n rooster op die kole braai tot bros (ja, dit is moontlik) of in 'n pan. Sny dit in stukkies en meng saam met die pasta by die potjie in stap 5.

Die gehalte en smaak van die kaas het 'n invloed op die eindproduk. Vir 'n resep soos dié stel ek voor jy gebruik cheddar wat minstens drie maande beleë is. (Beleë is natuurlik die korrekte Afrikaans vir die Engelse ***matured***.) Deur langer beleë cheddar te gebruik, of selfs 'n verskeidenheid beleë kase soos cheddar, parmesan, pecorino, gruyère en bloukaas, sal jy die geur verryk.

SOET BOTTERSKORSIE EN ROOMSPINASIE

By 'n steakrestaurant bedien hulle twee klassieke disse saam met jou vleis: soet botterskorsie en roomspinasie. Daarom moet enige knap braaier ook dié geregte bemeester en dit by geleentheid saam met gebraaide steak tuis geniet. Albei is maklik en vinnig.

WAT JY NODIG HET

(vir 6 mense)

Vir die soet botterskorsie:

1 kg botterskorsie

½ koppie botter

1 teelepel sout

½ teelepel swartpeper

½ teelepel gemaalde kaneel

½ koppie bruinsuiker

2 sopies sjerrie (of lemoensap)

Vir die roomspinasie:

800 g vars spinasie
(as jy deftig voel, koop babaspinasie; as jy normaal voel, koop gewone spinasie)

1 sopie olyfolie

1 teelepel sout

½ teelepel swartpeper

2 koppies room
(2 × 250 ml-houertjies)

½ sopie mielieblom
(in ½ sopie water)

½ koppie beleë cheddar-kaas
(gerasper; as jy steeds deftig voel, gebruik iets soos parmesan-kaas)

LAAT WAAI!

Maak die soet botterskorsie:

1. Skil die botterskorsies en sny oop. Krap met 'n lepel die pitte en vesels uit die binneholte. Sny in hapbare blokkies.

2. Smelt die botter in 'n platboompotjie oor lae hitte. Gooi die botterskorsieblokkies, sout, peper, kaneel, bruinsuiker en sjerrie by. Roer om die bestanddele te meng en kry dit dan rustig aan die prut.

3. Sit die deksel op en prut oor lae hitte vir so 30 minute. Lig die deksel net twee keer op, gou na 10 minute en weer na 20 minute, om te roer. Moenie nog water bygooi nie. Die vloeistof sal reduseer tot 'n bruin stroop onderin die pot en die botterskorsie gee ook vloeistof af. As die dis aanbrand, het jy te veel hitte onder die pot gehad, so gebruik volgende keer minder hitte. As die botterskorsie na 30 minute steeds rou is, het jy nie genoeg hitte gehad nie, so gebruik volgende keer meer.

Maak die roomspinasie:

1. Spoel die spinasie deeglik onder koue water af en klad dit droog. Jy kan die spinasie ook in 'n slaai *spinner* of 'n vergiettes sit. Jou vrou se haardroër is nie 'n goeie idee nie en daarom noem ek dit nie.

2. Sny die spinasie op. Let veral daarop dat jy die dikker stingels ook opsny. Dis natuurlik 'n gulde geleentheid om jou mesvaardighede te verfyn met jou nuwe skerp koksmes.

3. Verhit die olie in 'n pot en voeg die gekapte spinasie by. Braai vir 'n minuut, sit die deksel op en laat stoom. Deur nie water by te gooi nie, spaar jy jouself die moeite om dit later weer af te gooi en al die geur bly in die pot – 'n wen-wen-wen-situasie.

4. Opsionele stap: As jy nog altyd wonder wanneer om die gemaalde neutmuskaat op jou speseryrak te gebruik, dis nou. Vir ekstra geur voeg jy 'n knypie daarvan by die spinasie terwyl jy dit in stap 3 braai. Dis nie die moeite werd om 'n hele nuwe botteltjie neutmuskaat vir dié resep te koop nie, daarom het ek dit nie saam met die ander bestanddele gelys nie, maar as jy klaar daarvan in jou kombuis het, gebruik dit.

5. Haal die deksel na 5 tot 7 minute af en roer weer. Die spinasie behoort nou al verlep te wees, maar is nog nie heeltemal gaar nie. Voeg die sout, peper en room by, kry dit aan die borrel en kook vir nog 5 tot 8 minute.

6. Voeg die mielieblommengsel en gerasperde kaas by en roer terwyl jy sien hoe dit verdik – dit gebeur nogal gou. Haal van die hitte af sodra die mengsel verdik het. Sit die deksel op en bêre eenkant totdat die res van jou maaltyd gereed is.

RÖSTI'S

Pangebraaide aartappelkoekies is deur die Switsers uitgedink as deel van ontbyt. Daar noem hulle die gereg *rösti's*. Dit is gewild oor die wêreld heen en die Amerikaners noem dit *hash browns*. Eenvoudig gestel, jy maak die koekies van gerasperde aartappel wat jy panbraai tot goudbruin en bros. Dis nie 'n hoofgereg nie, maar eerder 'n bykos as jy iets soos steak braai.

WAT JY NODIG HET

(lewer 2 pangrootte rösti's, genoeg vir 4 mense)

1 ui (afgeskil)

4 middelslag aartappels
(as jy hou van aartappels skil, skil hulle, as jy soos ek is en nie daarvan hou nie, moenie in 'n geskil betrokke raak nie)

1 teelepel sout

½ teelepel peper

1 sopie olyfolie

1 sopie botter

LAAT WAAI!

1. Rasper die ui en aartappels op die growwe kant van jou rasper, sit dit in 'n mengbak, voeg die sout en peper by en roer deeglik.

2. Verhit die olie en die botter in 'n platboompotjie of 'n vuurvaste pan oor 'n medium-warm vuur. Sit die rösti-mengsel in die pan en druk dit plat met 'n eierspaan of 'n spatel. Jy kan óf een groot rösti maak wat die pan vol lê, óf 'n paar kleintjies wat saam in die pan braai. Laasgenoemde opsie is makliker, want 'n enkele groot rösti breek soms wanneer jy hom omdraai. Wat jy ook al kies, die rösti moet omtrent 1 cm dik wees. Braai tot goudbruin aan albei kante, wat omtrent 3 tot 5 minute aan elke kant oor medium-hitte sal neem.

3. Haal uit die pan. As jy klein rösti's gemaak het, kan jy hulle heel bedien. As jy grotes gebraai het, kan jy hulle in kwarte sny.

KOESKOES

Gewone koeskoes is besonder maklik om te maak en bied boonop eindelose moontlikhede. Koeskoes het geen kooktyd nodig nie, jy voeg letterlik net water by. Sodra dit reg is kan jy skep – nie skep met 'n lepel nie, maar 'n meesterstuk, soos 'n kunstenaar! Speel met verskillende kombinasies kruie, speserye, groente, vleis, neute en kase.

WAT JY NODIG HET

(vir 6 mense)

3 koppies rou koeskoes (omtrent 500 g)

kookwater

1 teelepel sout

½ teelepel swartpeper

2 sopies olyfolie of botter

Opsie 1: Mediterreens

1 koppie olywe (ontpit)

2 skywe feta-kaas (in blokkies gesny)

2 koppies kersietamaties (in die helfte gesny)

1 sopie basilie (gekap)

2 sopies olyfolie

Opsie 2: Bosveld

1 koppie gekerfde biltong (as die repe regtig groot is, sny hulle in kleiner stukke)

1 koppie geroosterde kasjoeneute, grondboontjies of 'n mengsel van die twee

1–2 teelepels van jou eie tuisgemaakte braaisout (sien bladsy 152)

1 sopie pietersielie (gekap)

Opsie 3: Marokkaans

2 klein rooi brandrissies (opgekap)

1 sopie dennepitte (gerooster)

2 skywe feta-kaas (in blokkies gesny)

1 blikkie kekerertjies (*chickpeas*; die water afgegooi)

2 teelepels paprikapoeier

1 sopie vars kruisementblare (gekap)

LAAT WAAI!

1. Kook minstens 1 liter water in 'n ketel of 'n pot. Onthou om nie die ketel dop te hou nie, anders kook hy nooit nie.

2. Gooi intussen die koeskoes in 'n mengbak. Gebruik 'n bak van glas, emalje, keramiek, vlekvrye staal of enigiets wat nie sal omgee vir kookwater nie. Voeg die sout en peper by die rou koeskoes en gee dit 'n goeie roer. Moenie jou vrou se deftige nuwe slaaibak van fyn glas gebruik nie, dit kan breek. Jy kan later die koeskoes-slaai in die deftige bak skep, maar jy kan dit nie daarin maak nie.

3. Gooi die kookwater oor die koeskoes totdat alles bedek is. Sodra die koeskoes net-net onder water is, het jy genoeg water. Bedek die bak met 'n deksel, bord, skinkbord, snyplank, kleefplastiek of enige geskikte voorwerp en laat dit vir 6 minute staan.

4. Na 6 minute haal jy die deksel af en gebruik 'n vurk om die koeskoes op te pof. Meng olyfolie of botter by, watter een jy ook al verkies. Die koeskoes is nou reg om te eet. Dit kan netso gebruik word as 'n bykos vir 'n potjie (in plaas van rys), want die sous trek lekker in koeskoes in. Anders kan jy dit in 'n koeskoes-meesterstuk omskep deur die bestanddele in Opsie 1, 2 of 3 by te voeg.

VODKA-PASTA

Daar was 'n Italiaanse bistro in Stellenbosch wat 'n lekker gereg genaamd vodka-pasta bedien het. In die vroeë dae van Nasionale Braaidag het ek gereeld dié bistro besoek vir sy vodka-pasta. Ongelukkig het die plekkie sedertdien sy deure gesluit (en gelukkig het Nasionale Braaidag gegroei!), so deesdae maak ek my eie weergawe in 'n potjie op die vuur.

WAT JY NODIG HET

(vir 4 tot 6 mense)

500 g pasta (ek verkies penne, maar gebruik waarvan jy hou)

1 sopie olyfolie

1 sopie botter

1 ui (baie fyn gekap)

1 pakkie spek (in repe of blokkies gesny)

2 huisies knoffel (fyngekap)

2 blikkies heel tamaties (fyngemaak, of 2 blikkies opgekapte tamaties)

½ sopie suiker

1 teelepel sout

½ teelepel peper

1 koppie room (250 ml-houertjie)

½ koppie vodka

parmesan-kaas (om mee te bedien)

LAAT WAAI!

1. Kook die pasta vir 6 minute in soutwater in jou potjie op die vuur, dreineer en hou die pasta eenkant. Dit sal nog nie heeltemal reg wees nie, maar dit is wat jy nou wil hê, want die res gebeur later.

2. Sit dieselfde potjie (nou leeg) terug op die vuur, verhit die olie en botter en braai die spek en ui totdat die ui sag is maar nie te bruin nie. Dit sal tussen 5 en 10 minute neem. Voeg die knoffel by en braai vir nog 'n minuut.

3. Voeg nou die gekapte tamaties, suiker, sout en peper by. Roer deeglik, sit die deksel op en laat prut vir 15 minute totdat dit verdik.

4. Voeg die room by, roer deeglik en kry aan die kook. Sodra dit begin kook, voeg jy die halfgaar pasta van stap 1 en die vodka in. Kry dit weer aan die borrel en kook dan vir omtrent 5 minute totdat die sous verdik en die sous by die pasta begin intrek.

5. Haal van die vuur af en bedien. Soos met enige tamatie-gebaseerde pasta kan jy dit voorsit met gerasperde of geskaafde parmesan-kaas en soos met amper enige pasta, tamatie-basis of nie, kan jy dit met goeie Suid-Afrikaanse olyfolie bedruip.

6. Bedien met sout en peper op die tafel sodat gaste hul eie na smaak kan byvoeg.

MINESTRONE

Die woord 'minestrone' beteken letterlik 'Italiaanse groentesop' en dit is presies wat dit is. Anders as die botterskorsie- en aartappelsop wat glad en dik bedien moet word, hou jy die minestrone in sy natuurlike gedaante, net so vol stukke. Dit beteken dat dit ongelooflik eenvoudig is om te berei. Jy hoef net jou potjie op die vuur te sit en die bestanddele volgens elke stap by te voeg. Daar is geen standaardresep vir minestrone nie; elke streek (en byna elke huishouding) in Italië het sy eie weergawe. Daar is ook geen sleutelbestanddeel nie, maar om cannellini-bone in te sluit is baie tradisioneel en daarom gebruik ek hulle in my resep. As jy nog nooit die selfvertroue gehad het om potjiekos aan te pak nie, begin by dié resep.

WAT JY NODIG HET

(vir 6–8 mense)

2 sopies olyfolie

1 pakkie spek (200–250 g, fyngekap)

1 ui (fyngekap)

2 huisies knoffel (fyngekap)

2 selderystokkies (fyngekap)

2 wortels (geskil en fyngekap)

6 koppies water (1,5 liter)

2 koppies hoender- of groenteaftreksel (of watter aftreksel jy ook al in die spens het)

1 blikkie cannellini-bone (of ander witbone; water afgegooi en afgespoel)

2 blikkies opgekapte tamaties

1 koppie ongekookte pasta (klein vormpies)

1 koppie ertjies (ek gebruik bevrore ertjies)

sout en peper (na smaak)

gerasperde parmesan-kaas (om mee te bedien)

vars brood (opsioneel, om mee te bedien)

LAAT WAAI!

1. Verhit die olie in 'n groot potjie (nommer 3) op 'n medium-warm vuur en gooi dan die spek, ui, knoffel, seldery en wortels by. Braai vir omtrent 10 minute totdat die groente sag raak en die spek begin bruin word.

2. Voeg nou die water, aftreksel, bone en tamaties by die pot. Sit die deksel op en kry dit aan die prut. Kook vir so 15 minute.

3. Haal die deksel af en voeg die pasta by. Laat prut vir nog 10 minute of totdat die pasta sag is, maar nie pap nie.

4. Voeg die ertjies by en roer deeglik. Hulle sal reg wees om te eet teen die tyd dat jy opskep. Proe nou die sop en gooi dan potensieel sout en peper na smaak by. Daar is reeds sout in die spek sowel as in die hoender- of groenteaftreksel, so dis heel moontlik dat die sop nie ekstra sout sal nodig hê nie.

5. Skep op in diep bakkies en bedien met gerasperde parmesan-kaas en brood.

MIELIEPAPTERT

In 'n wêreld vol onsekerheid het mieliepaptert my nog nooit teleurgestel nie. Dis 'n byna onfeilbare dis. Jy begin met mieliepap, klaar 'n lekker ete op sy eie. Dan voeg jy 'n paar addisionele goed by om hom nog lekkerder te maak. Amper soos om 'n nuwe kar te koop en dan al die ekstras by te sit. Om die mieliepaptert in lae aanmekaar te sit, is in wese soos om lasagne te maak, maar met heel ander bestanddele.

WAT JY NODIG HET

(vir 8 mense)

Vir die stywepap:

3 koppies water

1 teelepel sout

2 koppies mieliemeel

Vir die mieliepaptert:

2 sopies olyfolie

1 ui (fyngekap)

1 pakkie (200–250 g) **gerookte streepspek** (in stukke gesny)

400–500 g sampioene (opgesny)

½ teelepel sout (die spek is klaar souterig)

½ teelepel swartpeper

1 blikkie suikermielies

2 koppies gerasperde cheddar-kaas (omtrent 200 g)

2 koppies room (2 × 250 ml-houertjies)

2 takkies vars tiemie

LAAT WAAI!

Maak die stywepap:

1. Gooi die water en die sout in 'n pot en kry dit aan die kook op 'n warm vuur (of stoof).

2. Wanneer die water kook, roer jy die mieliemeel by met 'n houtlepel. Dit behoort jou tussen 1 en 2 minute te neem om dit behoorlik by te meng.

3. Sit die pot se deksel op en prut vir 25 minute op baie lae hitte. Op 'n vuur beteken dit jy moet die pot van die vlamme af wegskuif en dit net op 'n paar kole sit.

4. Jy kan in dié tyd een of twee keer inloer by die pap om seker te maak dit prut (kook is te warm, stil lê is te koud), maar moenie die deksel te veel oplig nie, want dan glip die stoom uit en gaan te veel water verlore. Na 25 minute is die pap reg.

5. Jy kan nou die pap netso geniet, maar om dit vir die mieliepaptert te gebruik, moet jy dit van die vuur afhaal en in die pot laat afkoel – ons soek 'n stywe stuk pap wat ons in stukke kan sny.

Sit die paptert aanmekaar:

1. Keer die afgekoelde stywepap in een stuk uit die pot en sny dit op in skywe 1 cm dik, soos jy 'n brood sal sny.

2. Sit die pot terug op die vuur. Voeg die olie, uie, spek en sampioene by. Braai vir so 10 minute totdat die uie goudbruin raak. Gooi die sout en peper oor.

3. Haal die pot van die hitte af en gooi sy inhoud oor in 'n bak. Begin nou om die paptert in lae in die leë pot te pak. Een laag pap (sit 'n paar snye pap langs mekaar, maar nie te knus nie) en dan 'n laag uie/spek/sampioene, 'n paar lepels vol suikermielies en 'n klompie gerasperde kaas; dan nog 'n laag pap en so gaan jy aan. Jy behoort so 2 tot 3 lae van elk uit te kry (maar dit is nie 'n eksakte wetenskap nie). Rond dit af met 'n laaste laag kaas.

4. Gooi die room oor die boonste laag (dit sal insink) en strooi dan die tiemieblare bo-oor.

5. Sit die deksel terug. Sit die pot op 'n klompie kole (nie te warm nie) en pak 'n paar kole op die deksel. Laat dit vir 30 minute so bak totdat die gereg prut en die kaas mooi bruin is. Die roomsous sal verdik wanneer die pot vir so 10 minute rus voordat jy opskep.

MEDITERREENSE-STYL GEVULDE PLATBROOD

Hier maak jy kennis met roosterkoek se deftige neef wat vir skivakansies in Europa gaan. Moenie bang wees om met deeg te werk nie – met 'n bietjie oefening sal jy gou weet wat jy doen. Om die gereg perfek voor te berei, is die enigste uitdaging – soos met 'n hele paar ander braaigeregte – om dit nie te brand nie.

WAT JY NODIG HET

(vir 4 tot 6 mense as bykos of voorhappie)

4 koppies witbroodmeel

1 pakkie kitsgis (10 g)

2 teelepels suiker

1 teelepel sout

1½ koppies louwarm water

1 sopie olyfolie (en nog 'n bietjie om die deeg mee te smeer)

omtrent 20 swart olywe (ontpit en in die helfte gesny)

2 skywe feta-kaas

1 sople roosmaryn (fyngekap)

4 songedroogde tamaties (die sagte tipe, in olie gepreserveer, opgekap)

'n bietjie water (om die platbrood mee te verf)

goeie Suid-Afrikaanse olyfolie (om die brood in te doop wanneer jy eet)

LAAT WAAI!

1. Meng die meel, gis, suiker en sout in 'n bak.

2. Voeg die water en olyfolie by en meng dit met skoon hande totdat jy 'n taai deeg het. Knie die deeg totdat hy sag en plooibaar is en die vorm van 'n bal aanneem.

3. Bedruip die deeg met 'n bietjie olyfolie en tel hom uit die bak. Smeer met jou hande die olyfolie in 'n dun lagie oral oor die deeg. Sit hom weer in die bak, bedek met kleefplastiek en laat hom rys op 'n warm plek vir omtrent 30 minute totdat hy dubbel so groot is.

4. Op 'n goedgemeelde oppervlak rol jy nou die deeg uit in 'n ovaal vorm met 'n lengte van omtrent 30 tot 40 cm. Verf die oppervlak met 'n bietjie water. Jy wil basies net die boonste deel van die uitgerolde deeg klam hê.

5. Strooi die olywe, feta, roosmaryn en stukke songedroogde tamatie op die een helfte van die deeg, vou dan die skoon ander helfte daaroor. Druk die deeg al om die rand saam om sy binnegoed toe te knyp (die water in stap 4 sal help dat die kante aan mekaar kleef). Jou platbrood sal omtrent 20 cm lank wees as jy hom op die regte manier gevou het.

6. Strooi die bokant met 'n bietjie meel, maak die hele ding dan effens platter deur met jou hande oral op die toegevoude deeg te druk.

7. Dra die deeg versigtig en vinnig oor na die een helfte van 'n toeklaprooster, knyp dan die rooster toe. Jy kan jou braai-assistent vra om hier 'n hand by te sit.

8. Die grootste gevaar wanneer jy brood so braai, is dat hy sal brand. Braai op matige kole, met die rooster redelik hoog opgestel, net soos wat jy met roosterkoek sou maak. Draai die brood gereeld, maar versigtig, om. Die brood is gereed wanneer dit 'n hol klank maak as jy daarteen tik; dit behoort na omtrent 20 tot 25 minute te wees. Terwyl jy die brood braai is dit ook 'n goeie idee om die bokant van die rooster los te wikkel en op te lig elke keer wanneer jy dit omgedraai het. Dit sal die kanse verminder dat jou brood teen die einde van die braai aan die rooster vassit. Wanneer hy gereed is, haal hom van die kole af en uit die rooster. Gee hom so 5 tot 10 minute kans om af te koel op 'n houtplank voordat jy hom sny en netso geniet of die snye in olyfolie doop.

SPAANSE OMELET

Die eerste keer wat ek Spaanse omelet geëet het was 'n paar jaar gelede op die eiland Majorka. Die restaurant was teen die strand en ek en daardie Spaanse omelet het hap-oor-kop verlief geraak. Dis die aartappels wat die omelet van ander omelette onderskei. Dis 'n lekker maaltyd vir 'n ontbytbraai en die ideale manier om die dag mee te begin.

WAT JY NODIG HET

(vir 4 mense)

500–600 g aartappels (omtrent twee groot aartappels)

2 sopies olyfolie

1 klein ui (fyn opgesny)

1 teelepel sout

½ teelepel swartpeper

6 eiers (geklits)

LAAT WAAI!

1. Sit die aartappels in 'n klein pot. Voeg genoeg water by dat die aartappels net-net onder die oppervlak is en kry die pot aan die kook. Kook vir omtrent 25 minute totdat die aartappels gaar is, maar nie te sag nie.

2. Haal die aartappels uit die pot en sny hulle in redelike dun skywe. Ek hou daarvan om die vel aan te los, maar jy is welkom om dit nou af te haal.

3. In 'n middelslag pan verhit jy die olie, voeg die ui by en braai vir 5 minute oor medium-hitte totdat dit begin bruin raak.

4. Glip die aartappels in die pan, hou aan braai totdat die aartappels sag is en begin verkleur (moet hulle nie bruin braai nie). Wees versigtig wanneer jy die aartappelskywe omdraai en moet hulle nie te erg breek nie.

5. Voeg die sout en peper by die geklitste eier en gooi dit dan in die pan – dit sal in al die gapings tussen die aartappels en ui inloop, so jy hoef nie te roer nie. Braai vir so 5 tot 10 minute op medium-lae hitte (nie te warm nie) totdat die bokant amper gestol het, maar steeds sag is. Sit 'n bord versigtig bo-op die pan, keer dit om en glip die omelet dan weer terug in die pan – die gebraaide kant gaan nou bo wees. As daar 'n bietjie loperige eier in die bord oor is, gelei dit by die kant van die pan in.

6. Braai vir nog 1 of 2 minute totdat die omelet gaar is. Op hierdie stadium is jy ook welkom om 'n bietjie gerasperde kaas oor die bokant van die gereg te strooi.

7. Haal die omelet uit die pan en bedien dit warm of koud.

EN ...

Dis 'n goeie manier om die oorskiet- gekookte aartappels van die vorige aand se braai op te gebruik. As daar toevallig 'n bietjie oorskiet-ertjies van aandete is, gooi hulle ook by.

TOEGEDRAAIDE GROENTEBONDELS

Knolgroente, soos wortels en beet, is lekker op die vuur. Om die waarheid te sê wanneer jy hulle so gaarmaak is hulle eintlik heeltemal eetbaar. Die hitte van die vuur karamelliseer die natuurlike suiker in die groente en gee jou allerhande wonderlike geure in hierdie bykos.

WAT JY NODIG HET

(vir 6 mense as bykos)

2 koppies beetstukke

2 koppies wortelstukke

2 koppies uiewiggies
(omtrent 2 × 2 cm)

12–18 heel huisies knoffel
(kleiner is dié keer beter)

3 takkies vars tiemie (stingels af)

die skilletjie en sap van 'n halwe suurlemoen
(skilletjie fyngerasper)

1 teelepel sout

½ teelepel swartpeper

3 sopies olyfolie
(so ½ sopie per bondel)

6 velle foelie (so 30 × 30 cm elk)

LAAT WAAI!

1. Sit die beet, wortels, uie, knoffel, tiemieblare, suurlemoenskil, suurlemoensap, sout, peper en olie in 'n groot bak. Rol rond en meng deeglik.

2. Verdeel die groentemengsel in 6 porsies en sit elke porsie in die middel van 'n vel foelie (hou die blink kant bo, letterlik). Kyk dat elke porsie omtrent eweveel olie en groente het.

3. Trek die punte van die foelie saam om dit in 'n los pakkie te omvorm, en frommel dan die bokante toe om dit te verseël. Ons wil hê die inhoud moet gelyktydig bak en stoom.

4. Sit die bondels op relatiewe sterk hitte op 'n lae rooster (nie regstreeks binne-in die kole nie) vir omtrent 30 minute (presies hoe lank sal afhang van die hitte). Haal een van die bondels van die hitte af, maak oop en steek met 'n skerp mes om te kyk of die groente gaar is. Hulle behoort mooi sag te wees en 'n lekker bruin kleur aan die onderkant te hê.

HOE OM RYS GAAR TE MAAK

Jy kan soveel van die geregte in die boek saam met rys bedien dat ek dink dis 'n goeie idee om ordentlik te verduidelik hoe jy dit gaarmaak. Daar is geen geheime nie; gooi net genoeg water by en moenie dat dit te lank kook nie. Nie alle soorte rys vat ewe lank om gaar te word nie. Watter tipe jy ook al verkies, so 4 tot 6 mense kan eet aan elke koppie rys wat jy ingooi.

GEWONE LANGKORRELRYS

WAT JY NODIG HET

6 koppies water

½ sopie sout

1 koppie rys

LAAT WAAI!

1. Sit die water saam met die sout in 'n groot pot op die stoof of die vuur en kry dit aan die kook.

2. Wanneer die water kook, gooi jy die rys in en kook vir 20 tot 25 minute.

3. Dreineer die rys in 'n vergiettes en spoel dit dan vinnig af met warm water (steeds in die vergiettes). Laat dit vir 5 minute staan voordat jy opskep.

BASMATIRYS

WAT JY NODIG HET

6 koppies water

½ sopie sout

1 koppie rys

LAAT WAAI!

1. Sit die water saam met die sout in 'n groot pot op die stoof of die vuur en kry dit aan die kook.

2. Wanneer die water kook, gooi jy die rys in en kook vir 12 minute.

3. Dreineer die rys in 'n vergiettes en spoel dit dan vinnig af met warm water (steeds in die vergiettes). Laat dit vir 5 tot 10 minute staan voordat jy opskep. Skei die korrels met 'n vurk as dit nodig is.

JASMYNRYS

WAT JY NODIG HET

1 koppie rys

3 koppies water

6 koppies water

½ sopie sout

LAAT WAAI!

1. Sit die rys en 3 koppies water in 'n mengbak. Laat week dit vir 15 minute, gooi die water af en spoel die rys af onder lopende water.

2. Sit die 6 koppies water saam met die sout in 'n groot pot op die stoof of die vuur en kry dit aan die kook.

3. Wanneer dit kook, gooi jy die geweekte, afgespoelde rys in en kook vir 15 minute.

4. Dreineer die rys in 'n vergiettes en spoel dit dan vinnig af met baie warm water. Laat dit vir 5 minute staan voordat jy opskep.

BRUIN- EN WILDERYS

WAT JY NODIG HET

3 koppies water

½ sopie sout

1 koppie rys

LAAT WAAI!

1. Gooi die rys, water en sout in 'n groot pot en kry dit aan die kook op die stoof of die vuur.

2. Verminder die hitte tot baie laag, sit die deksel op en prut vir 35 tot 40 minute. Wanneer al die water ingetrek het, is die rys gaar. Jy hoef nie die water af te gooi of die rys af te spoel nie.

NAGEREG

EK GOOI NOOIT SUIKER IN MY KOFFIE NIE, WANT EK HOU VAN DIE SMAAK VAN KOFFIE. AS JY LUS HET VIR IETS SOET, MAAK BEHOORLIKE NAGEREG.

BRANDEWYN-TIRAMISU

Ek weet tiramisu is nie 'n gereg wat jy op die kole maak nie, maar eerstens is dit een van my gunsteling-nagereg-te. En tweedens, dit het brandewyn in, wat dit nie net 'n mooi Suid-Afrikaanse geur gee nie, maar dit ook 'n de facto braaigereg maak. Let wel: Een van die bestanddele is strooisuiker en jy moet dit gebruik; gewone suiker werk eenvoudig nie. Ek het my kop gestamp sodat jy nie hoef nie.

WAT JY NODIG HET

(vir 4 tot 6 mense afhangend van hoe groot die glase is waarin jy dit bedien)

3 eiers (geskei)

¾ koppie strooisuiker

250 g mascarpone-kaas (1 houertjie)

1 koppie sterk swart koffie (koud)

3 sopies brandewyn

1 pakkie vingerbeskuitjies (bv. Boudoir-beskuitjies)

'n bietjie kakao (vir versiering)

LAAT WAAI!

1. Skei die eiers in twee mengbakke. Dis regtig nie moeilik nie, maar as jy dit nog nooit gedoen het nie, vra iemand om te help. 'n Bietjie eierwit in die gele se bakkie is nie 'n krisis nie, maar daar mag nie 'n greintjie geel in die eierwit kom nie want dit sal maak dat jy nie die witte kan styfklits nie.

2. Gebruik 'n skoon, droë (baie belangrik) handklitser, of 'n elektriese klitser (ook skoon en droog) en klits die eierwitte tot hulle dik is, hul vorm behou en stywe punte maak wanneer jy die klitser uitlig.

3. Gebruik dieselfde klitser om die gele en die strooisuiker in 'n afsonderlike bak saam te klits. Die mengsel is reg wanneer dit liggeel is en die volume verdubbel het. Voeg die mascarpone by en klits die mengsel tot glad.

4. Gebruik 'n groot metaallepel om die helfte van die geklitste eierwit by die mascarpone mengsel in te vou. Dit behels dat jy die mengsel versigtig in 'n 8-vorm moet roer sonder dat enige van die pofferigheid en volume wat jy ingeklits het, verlore gaan Wanneer die mengsel glad is, vou jy die oorblywende eierwitte in. Die mengsel moet glad en dik wees, amper soos 'n mousse. Sit dit eenkant.

5. Meng die koffie en die brandewyn (sommer in 'n groot beker) sodat dit reg is vir die volgende stap.

6. Sit die tiramisu aanmekaar: Maak vier tot ses brandewynglase twee-derdes vol met die tiramisu-mengsel van stap 4.

7. Doop elke beskuitjie vinnig in die koffiemengsel en druk hulle dan regop in die tiramisu-gevulde glase in – sowat vier beskuitjies per glas. As jy die beskuitjies te lank in die koffie doop, gaan hulle te sag wees om te gebruik.

8. As daar nog van die tiramisu-mengsel oor is, verdeel jy dit tussen die glase. Skep dit bo-op.

9. Die bopunte van die beskuitjies sal waarskynlik uitsteek. Dis doodreg so.

10. Sif of strooi 'n dun lagie kakao bo-oor en sit in die yskas.

EN ...

Berei die nagereg minstens 4 tot 6 ure voordat jy braai, want die beskuitjies vat 'n rukkie om te deurweek en die geur het tyd nodig om te ontwikkel. Die tiramisu smaak selfs beter as jy dit 'n dag vooruit maak. Jy kan dit ook in 'n groot reghoekige bak maak: Rangskik die gedoopte beskuitjies in twee lae, met 'n ordentlike laag tiramisu tussenin (amper soos wanneer jy lasagne aanmekaar slaan).

MALVAPOEDING IN 'N POTJIE

Iewers in die laat-1970's het koslegende Michael Olivier, wat vir die Boschendal Restaurant verantwoordelik was, sy vriendin Maggie Pepler gevra om sy personeel te kom leer hoe om die oorspronklike malvapoeding te maak. Sedertdien is dit 'n instelling op die buffet-spyskaart. My malvapoedingresep is op die einste resep gebaseer en ek publiseer dit met Michael se toestemming. Die grootste verskil is dat ek die poeding in 'n nommer 10-platboompotjie op die vuur bak en nie in 'n konvensionele oond nie.

WAT JY NODIG HET

(vir 6 mense)

Vir die deeg:

1 koppie meel

½ sopie koeksoda

1 koppie witsuiker

1 eier

1 sopie appelkooskonfyt

1 sopie asyn

1 sopie gesmelte botter

1 koppie melk

Vir die sous:

½ koppie room

½ koppie melk

1 koppie suiker

½ koppie warm water

½ koppie botter

LAAT WAAI!

1. Steek die vuur aan. Jy het minder kole nodig as wanneer jy steak braai, maar jy moet 'n aaneenlopende voorraad hê as die poeding eers bak.

2. Smeer jou nommer 10-platboompotjie met botter. (Sien foto op bladsy 13.)

3. Sif die meel en die koeksoda in groot bak en meng die suiker by. As jy in die bos is en nie 'n sif byderhand het nie, moenie bekommerd wees nie, dinge sal steeds uitwerk.

4. Klits die eier deeglik in 'n aparte mengbak. Voeg die konfyt, asyn, botter en melk by en klits deeglik na elke byvoeging.

5. Voeg die nat bestanddele van stap 4 by die droës van stap 3 en meng deeglik met 'n houtlepel (jy maak immers deeg).

6. Gooi die deeg in die potjie, sit die deksel op en bak vir 50 minute met kole onder die pot en 'n klompie op die deksel. Moenie te veel hitte gee nie, want jou poeding loop groot gevaar om te brand. Die hitte kan liewer effe te laag wees en jy kan die poeding netsowel 'n uur lank bak. So, wees eerder te rustig as te haastig. Jy kan enige tyd nog 'n paar vars kole onder die pot inskuif of op die deksel pak as jy dink jou poeding verloor stoom.

7. As die poeding al so 40 minute lank bak (dus sowat 10 minute voor hy klaar gebak het), verhit jy al die bestanddele vir die sous in 'n klein potjie op medium kole. Roer aanhoudend om te verseker dat die botter smelt en die suiker heeltemal oplos, maar moenie dat die mengsel kook nie. As jy 'n poeding wil hê wat (effens) minder soet is, gebruik 'n halwe koppie suiker en 'n hele koppie warm water vir die sous, eerder as die hoeveelhede in die bestanddelelys. Om die waarheid te sê, my ouers verkies dit so.

8. Wanneer die poeding omtrent 50 minute gebak het, steek jy 'n sosatiepen, mes of vurk in die middel in om te toets of dit gaar is. As die pen skoon uitkom, is die poeding reg.

9. Haal die poeding van die vuur af en gooi die sous eweredig oor. Glo my, hy sal al die sous intrek – laat staan hom net vir so paar minute. Bedien die malvapoeding warm met 'n skeppie vanieljeroomys, 'n leksel vars room of 'n poel vanieljevla. 'n Goeie manier om die poeding warm te hou, is om die pot naby die vuur te sit, maar nie te naby nie – nadat alles reg gedoen is wil jy hom nie nou verbrand nie.

EN ...

Die oorspronklike resep gee die mates appelkooskonfyt, botter en asyn, asook die halwe sopie koeksoda, as 1 eetlepel elk. Sulke veranderinkies sal nie 'n invloed op die uiteindelike poeding hê nie, maar ter wille daarvan om die geskiedenis ordentlik op te teken, dink ek dit is belangrik om dit te noem.

APPELTERT IN 'N POTJIE

Oorspronklik het ek leer appeltert maak by my vriend Louis Jonker, befaamde deeltydse sjef van Stellenbosch (tuis deel hy en sy vrou Anita die kosmakery gelykop). Toe, op 'n keer tydens 'n besoek aan Ceres in die Wes-Kaap, besluit ek om iets te probeer wat ek nog nooit gesien het nie (maar dit het sedertdien nogal wyd bekend geraak): appeltert in 'n potjie. Ek het Louis se resep effens vir 'n potjie op die vuur aangepas en daar gaan ons toe. Die eindproduk was 'n reusesukses, probeer hom en sien vir jouself!

WAT JY NODIG HET

(vir 6–8 mense)

Vir die vulsel:

8–10 Granny Smith-appels (Louis en almal op Ceres het my oortuig dat Granny Smith-appels die enigste appels vir appeltert is)

½ koppie water

½ koppie rosyntjies

1 teelepel kaneel

2 sopies brandewyn (of rum)

Vir die krummelmengsel:

1½ koppies koekmeel

1½ koppies bruinsuiker (karamel-bruinsuiker of gewone ligte bruinsuiker)

125 g gesoute botter (kwart van 'n 500 g-blok, sag)

nog 2 sopies botter

nog 'n bietjie kaneel

vanieljeroomys (of room, om mee te bedien)

LAAT WAAI!

1. Skil die appels, sny in stukke van die stronke af en gooi in die potjie. Voeg die water, rosyntjies, kaneel en brandewyn by en meng deeglik.

2. Sit die deksel op die potjie en die potjie op die vuur. Kook die mengsel vir so 10 minute tot die appelstukke begin sag word. Haal die potjie van die vuur af en hou eenkant.

3. Terwyl die appelstukke en hul vriende kook, gooi jy die meel, suiker en botter in 'n bak en vryf dit met jou vingerpunt totdat jy 'n droë, krummelrige mengsel het.

4. Gooi die helfte van die krummelmengsel by die gekookte appelvulsel in die potjie en meng deeglik.

5. Gooi nou die res van die krummelmengsel bo-op en versprei dit mooi eweredig.

6. Plaas 'n paar stukkies botter bo-op die krummeldeeg en strooi ook 'n bietjie kaneel oor om die bolaag mooi kleur te gee. Sit die deksel op die potjie en vat hom vuur toe.

7. Sit die potjie op rustige kole en sit ook 'n paar kole op die deksel. As en wanneer die kole begin spoed verloor, krap jy nog kole onder die potjie in en pak nog 'n paar op die deksel. As die vuur groot is en die een kant van die potjie kry meer hitte as die ander, draai jy die potjie elke nou en dan. Bak vir so 45 minute tot 'n uur totdat jy die appelsous deur die kors sien borrel wanneer jy die deksel oplig.

8. Geniet dit saam met vanieljeroomys of room.

SAGOPOEDING

Sagopoeding is soos my broers en susters: Ek het daarmee grootgeword en my ouers is lief daarvoor. Die styselagtige wit sagokorrels kom van die pulp van die sagopalm wat in tropiese plekke soos die Oos-Indiese eilande groei. Maar ontspan – sagopoeding is 'n eg-Suid-Afrikaanse einde vir 'n regte Suid-Afrikaanse braai. In my familie het ons sagopoeding met 'n strooisel kaneelsuiker en 'n bietjie appelkooskonfyt bedien, wat jy as gewoon sal beskou, of dalk nie.

WAT JY NODIG HET

(vir 4 tot 6 mense)

1 liter melk (dis nogal gerieflik dat omtrent elke supermark ter wêreld melk in liter-mates verkoop)

1 koppie sago

½ koppie suiker

2 sopies botter

1 kaneelstokkie

3 eiers

1 teelepel vanieljegeursel

4 sopies appelkooskonfyt

kaneelsuiker (sien onder)

LAAT WAAI!

1. Gooi die melk en sago in jou platboompotjie en roer. Sit die deksel op en laat dit vir minstens 1 uur staan. Langer is ook heeltemal reg.

2. Na 'n uur (of langer) voeg jy die suiker, botter en kaneelstokkie by die sago en melk en roer alles saam. Die botter sal natuurlik nie nou saam met die koue bestanddele oplos nie.

3. Sit die potjie op die vuur (kole of vlamme) en kry dit aan die prut sonder die deksel. Reguleer die hitte (jy sal dalk 'n paar kole of vlamme onder die pot moet uitskuif) en laat die potjie rustig prut vir omtrent 15 minute totdat die korrels geswel het en die sago amper deurskynend is. Moenie met ander dinge ook besig wees nie, want melk kan maklik oorkook – jy is gewaarsku. As jy 'n fout moet maak, laat dit eerder te lank prut as te kort, maar moet dit asseblief nie laat oorkook of brand nie. Haal die potjie van die vuur af en laat dit vir minstens 10 minute afkoel met die deksel op (langer as 10 minute is ook aanvaarbaar).

4. Klits die eiers en vanieljegeursel tot goed gemeng en lig. Gooi die mengsel by die sago terwyl jy aanhoudend roer.

5. Skep lepels vol appelkooskonfyt bo-op die sagomengsel in die potjie en strooi kaneelsuiker oor.

6. Sit die deksel op en bak vir 30 minute deur kole onder die potjie in te krap en ook bo-op die deksel te pak.

EN ...

Om kaneelsuiker te maak, meng jy 1 teelepel fyn kaneel deeglik met 2 sopies suiker.

PANNEKOEK

Toe ek klein was, het ons gewoonlik in die winter pannekoek geëet wat my ma in 'n pan op die kombuisstoof gebak het. Die ander plek om lekker pannekoek te kry was by die kerkbasaar. Daar is die pannekoek op gasstofies gebak en met net kaneelsuiker en 'n druksel suurlemoensap voorgesit. Dit het egter alles 'n paar jaar gelede verander toe ek goeie vriende met 'n paar Nederlanders geword het. Hulle eet gedurig pannekoek met 'n verskeidenheid vulsels. Die onvergeetlikste pannekoekervaring saam met my Nederlandse vriende was op 'n kamptoer in Botswana waar hulle ontbyt in my tent bedien het – pannekoek met 'n kaas-en-spekvulsel.

WAT JY NODIG HET

(lewer 15 tot 20 pannekoeke, afhangend van die pan se grootte)

2 koppies koekmeel

2 koppies water

2 ekstragroot eiers

1 teelepel suurlemoensap

½ teelepel sout

½ sopie plantolie

ekstra plantolie (vir die pan)

LAAT WAAI!

1. Sit al die bestanddele in 'n groot mengbak en klits met 'n handklitser totdat die deeg glad en sonder klonte is. Vir die beste resultate moet jy die deeg 30 minute lank laat rus voordat jy dit gebruik.

2. Mense sê soms ek diskrimineer teen gasbraaiers, maar dis nie waar nie en hier is die bewys: Dis die een resep in die boek waar ek glo 'n enkelvlam-kampgasstofie is piekfyn vir die braaiwerk. En, siende dat ons van toerusting praat, daar is 'n rede waarom ouens soos ek deesdae kan pannekoek bak: 'n kleefvrye pan. Kry vir jou een en gebruik dit vir pannekoekbak.

3. Verhit eers die pan met 'n bietjie olie daarin en gooi dan genoeg deeg in die pan om die hele bodem met 'n dun lagie te bedek. Vir my werk 'n sop-opskeplepel die beste hiervoor. Draai die pan effens skuins en wikkel hom dat die deeg tot in al die pan se (ronde) hoeke loop. Bak die pannekoek vir so 2 tot 3 minute totdat hy vanself loskom. Wip hom om met 'n spatel en bak die ander kant.

4. Glip die pannekoek op 'n bord en voeg die vulsel van jou keuse by. Die vulsel sal bepaal of jy die pannekoek oprol of in kwarte vou voordat jy dit bedien.

Voorstelle vir vulsels:

- kaneelsuiker en 'n druksel suurlemoensap (die voorspelbare een)
- cheddar-kaas en brosgebraaide spek
- sjokolade- of haselneutsmeer (soos Nutella)
- geklopte room en 'n blikkie karamel
- hoender-mayonnaise (sien bladsy 74)
- bolognese-sous (sien bladsy 20) met gerasperde parmesan-kaas.

GLÜHWEIN

Glühwein het sy oorsprong in Duitsland, maar is ook baie gewild in Oostenryk, wat nie 'n verrassing is nie, want as ons nou eerlik moet wees, is Oostenryk maar eintlik soos 'n vakansieprovinsie vir Duitsland. Glühwein word in die sneeu van ski-oorde, in berghutte en by Europese Kersmarkte bedien. Drink Glühwein altyd warm. Jy sal dit die meeste geniet as die temperatuur om jou baie laag is, byvoorbeeld om 'n kampvuur in die Kalahari of Karoo wanneer jy jou as afvries.

WAT JY NODIG HET

(vir 4 mense)

1 bottel rooiwyn

die skil van 1 lemoen
(met 'n groenteskilmes afgeskil)

die skil van 1 suurlemoen
(met 'n groenteskilmes afgeskil)

1 koppie lemoensap

1 kaneelstokkie

1 heel steranys

2 kardemompeule

4 naeltjies

½ koppie suiker

LAAT WAAI!

1. Meng al die bestanddele saam in 'n outydse kampketel of vuurvaste pot en sit dit dan op 'n medium-warm vuur. Kry die pot of ketel rustig aan die prut.

2. Sit die deksel op en laat rustig op lae hitte prut vir so15 minute. Roer elke nou en dan totdat die suiker heeltemal opgelos het. Laat dit vir 15 minute naby die vuur staan (dalk met 'n paar kole onder die pot of ketel) sodat die drankie warm bly, maar nie te rof kook nie.

3. Filtreer die Glühwein deur 'n sif in bekers en raak ontslae van die skille en speserye se oorblyfsels. Bedien altyd kokend warm.

EN ...

In Europa is dit nie buitengewoon om 'n ekstra sopie brandewyn of rum by elke beker Glühwein te gooi wanneer jy regtig bibber nie. Jy kan byvoorbeeld regtig koudkry as jy die hele wintermiddag springbok gejag het in die gletseragtige toestande van 'n Karoo-veld. Dan is dit natuurlik beter om te wag met die Glühwein totdat jou geweer veilig gebêre is.

TEN SLOTTE

Om 'n boek te skryf en te publiseer is iets wat ek nog altyd op een of ander tydstip in my lewe wou doen (nie dat dit my enigsins uitsonderlik maak nie). Vir die grootste deel van my lewe het ek net nie die vaagste benul gehad het waaroor die boek sou gaan nie. Die laaste paar jaar het my lewe 'n unieke koers ingeslaan met die totstandkoming en groei van Nasionale Braaidag. Die kennis oor die fynere kuns van braai wat ek deur my ondervindings opgedoen het, het toe 'n boek regverdig (Jan Braai – *Vuurwerke*, my eerste boek). Nou het daar 'n tweede boek te voorskyn gekom – die een wat jy in die hand het – waarin ek die onderwerp weer oor die kole haal. Al is dit my gesig wat op die voorblad verskyn, sou ek nooit op eie houtjie 'n boek van hierdie kaliber die lig kon laat sien nie. Ek was baie gelukkig om na die sukses van *Vuurwerke* die geleentheid te kry om myself met 'n uitsoek-span kenners te omring vir hierdie projek.

- Louise Grantham en Russell Clarke van Bookstorm is sentraal tot dié kos- en leefstyl-kunswerk.
- Voedselstilis Brita du Plessis en fotograaf Matthys van Lill staan albei op die kruin van hulle onderskeie velde. Hulle harde werk is die rede waarom die foto's in hierdie boek so uitstekend is.
- Een van my goeie vriende, Stephanus Rabie, was saam met my op toer vir menige braai-avontuur oor die afgelope paar jaar. Hy is ook 'n begaafde fotograaf en verantwoordelik vir die foto's op bladsye 1, 6 en 198.
- Toe ek vir Ilse van der Merwe ontmoet, het sy my terstond ingelig dat sy kon help. Wel, sy was reg. Ek kan met vertroue sê jy kan die etes in dié boek met selfvertroue voorsit aan gaste. Ilse het my gehelp om elke resep noukeurig te verfyn.
- Ons het vir dié boek nie een nie, maar twee taalversorgers gehad. Pat Botes en Tildie Williams het hul onderskeie insette gelewer en so bygedra tot die kwaliteit van die eindproduk. Vir die Afrikaanse uitgawe het ek ook die bykomende hulp van die briljante Theunis Strydom gehad, 'n man wat soms beter weet wat ek wil sê as ekself.
- Wanneer die boek by die drukkers is, is daar ondersteuning-spanne by Bookstorm (aan die Engelse kant) en Human & Rousseau (aan die Afrikaanse kant). Saam het hulle bydrae ons gelei na waar ons vandag is.

Ten slotte wil ek vir elke enkele persoon wat hierdie boek lees, ordentlik dankie sê. Ons leef in die beste land ter wêreld, so kom ons vier dit elke dag om 'n vuur. Daar is geen beter manier om kulinêre grense te verskuif nie en dan eet jy ook nog lekker. Suid-Afrika het 11 amptelike tale, en in elkeen van daardie tale gebruik ons die woord braai!

ISBN: 978-0-7981-7817-4

Eerste hardeband-uitgawe gesamentlik uitgegee deur Bookstorm en Human & Rousseau in 2013
Eerste sagteband-uitgawe gesamentlik uitgegee deur Bookstorm en Human & Rousseau in 2018

Gesamentlik uitgegee deur:

Bookstorm (Edms.) Bpk.
Posbus 4532
Northcliff 2115
Johannesburg
Suid-Afrika
www.bookstorm.co.za

en

Human & Rousseau
'n druknaam van NB-Uitgewers
'n druknaam van Media24 Boeke (Edms.) Bpk.
Heerengracht 40
Kaapstad 8000
www.nb.co.za

Vertaal deur Theunis Strydom
Taalversorg deur Tildie Williams
Geproeflees deur Annelize Meintjies
Voedsel gestileer deur Brita du Plessis
Fotografie deur Matthys van Lill
Omslag ontwerp deur mr design
Boek ontwerp en uitleg deur Triple M Design
Gedruk en gebind in China deur WKT

INDEKS